KURZE
KRIMIS

KURZE KRIMIS

Dennis Mueller
University of Missouri—Columbia

HOLT, RINEHART and WINSTON
New York
Chicago
San Francisco
Philadelphia
Montreal
Toronto
London
Sydney
Tokyo
Mexico City
Rio de Janeiro
Madrid

PERMISSIONS:

We would like to thank the following publishers and authors for permission to reprint the selections included in *Kurze Krimis*.

Hansjorg Martin: *Die Haarklemme* and *Pendelverkehr* from TOD IM DUTZEND; *Pistolen bringen manch-mal Glück, Rummelplatzromanze, Aller bösen Dinge sind drei* and *Mord nach Fahrplan* from BLUT AN DER MANSCHETTE by permission of Rowolt Taschenbuch Verlag, Germany

Irene Rodrian: *Der ehrbare Rudi* from TOTE KATZE, by permission of Rowolt Taschenbuch Verlag, Germany

Friedhelm Werremeier: *Mörder auf dem toten Gleis* from TREFE MIT TRIMMEL, by permission Rowolt Taschenbuch Verlag, Germany

Doralies Huttner: *Versteckspiel* from BOMMI IST TOT UND TIM HAT GEBURTSTAG, by permission of Dr. Edward Hoop, Budelsdorf, 1976

Paul Henrick: *Mein Mißratener Sohn* from BOMMI IST TOT UND TIM HAT GEBURTSTAG, by permission of Dr. Edward Hoop, Budelsdorf, 1976

Library of Congress Cataloging in Publication Data

Main entry under title:

Kurze Krimis.

   CONTENTS: Martin, H. Pristolen bringen manchmal Glück.—Martin H. Die Haarklemme.
—Rodrian, I. Der ehrbare Rudi.—[etc.]
   1. German language—Readers.
2. Detective and mystery stories, German.
I. Mueller, Dennis.
PF3117.K9   438.6'421   80-26022
ISBN 0-03-056719-X

CBS COLLEGE PUBLISHING
Holt, Rinehart and Winston
The Dryden Press
Saunders College Publishing
1 2 3 4 5   0 3 9   9 8 7 6 5 4 3 2 1

TABLE OF CONTENTS

PREFACE

Kurze Krimis is a reader intended for intermediate college-level German courses or for advanced high school classes.

The primary criteria for selecting the stories were that they be easily understood, interesting, and enjoyable. Too often students of German who successfully complete first-year courses become discouraged when assigned reading material that is too complex for their language ability, too topical to interest them, or too somber for them to enjoy. Most students, however, find criminal and detective stories such as these appealing because of their stress on action. By holding interest through action, they serve as excellent vehicles for language acquisition, while at the same time providing insights into German life.

It is surprising to learn that detective and crime stories were practically unknown in Germany until after World War II. Writers in the land of the "Dichter und Denker" had neither the stimulus nor the inclination to write popular literature of this genre. Prior to the establishment of the Federal Republic of Germany, various factors in the sociological, political, cultural, and legal fabric of German society led to a lack of adequate working space for writers of such stories. There has never been a German Agatha Christie or Georges Simenon. Although there is a widespread acceptance of crime and detective stories among the German reading public today, a 1980 catalogue of books published in Germany in this category shows that most of them are translations, with less than 10% originally written in German. The stories included here, however, are proof that German writers of today have learned the genre well.

Not only is this form of writing relatively new to Germany, but also the term *Krimi* used in the title of this reader, which is an abbreviated form of the German word *Kriminalroman.* This form of abbreviation is unique to the German language. Other similar recognizable neologisms are *Nazi (National-socialist), Sozi (Sozialist)* and *Kripo (Kriminalpolizei).*

The stories in this collection have not appeared in any other American texts and, with the exception of Hansjörg Martin, the authors are new to American textbooks.

The texts of the stories are unchanged from the original, except for some abridgement and the simplification of an occasional word or phrase. Since there is no set sequence in which the stories appear, they can be read in any order. Six of the ten stories are by the same author, Hansjörg Martin. The stories were tested with university classes and the unanimous opinion of the students was that the stories by Martin provided the least linguistic difficulty while giving as much pleasure as those by the other writers.

We have included in the marginal glosses all words considered beyond the average student's basic active vocabulary. Words are glossed when they first appear and italics have been used for ready identification of these words in the text.

Each of the stories has been divided into several parts to make it easier for students and instructors to cover them over several class periods. The exercises following each story provide a wide variety of possibilities for the instructors and the students. Common to all the stories are questions that test the students' reading ability, since text comprehension is the key element of any intermediate textbook.

Eight of the ten stories have a translation exercise based on the readings. They assure full comprehension of the texts while requiring the students to actively use German syntax and vocabulary. Many exercises are designed to expand the reader's vocabulary and to help build mastery of new words and expressions. Grammar exercises cover a variety of problem areas encountered by English-speakers learning German: word order, adjective endings, pronouns, modals, subjunctives, passives, and reflexives. Just as with the stories, there is no set order in the grammar exercises and they can be included or eliminated at the discretion of the instructor.

Finally, the exercises accompanying each story include a variety of topics designed to stimulate the student's imagination. This section is called *Zur Unterhaltung,* a play on a word *Unterhaltung* that by itself means "conversation," but when used with the preposition *zur* means "for enjoyment." In these exercises the students are asked to put themselves into the roles of the characters in the stories and to discuss or act out the same situations or similar ones. Some require a debate on the characters' actions, others delve into various aspects of the story.

The end vocabulary was carefully prepared to provide the student with all the words necessary to read the stories, even if no prior work has been done in German. The core vocabulary for this list was based on the vocabulary in the second edition of *First-Year German* by Helbling, Gewehr, Jedan, and von Schmidt (Holt, Rinehart and Winston, 1979).

I am grateful to Richard Flesch of Rowohlt Verlag in Reinbek, Germany, for his encouragement to continue my project. Thanks to the students in my intermediate German classes at the University of Missouri for reading and commenting on the stories. And finally special thanks to Marilyn Hofer of Holt, Rinehart and Winston for urging me to develop the many supplementary exercises that make *Kurze Krimis* more than just an intermediate reader.

D. M.

For: Bärbel, Gerald, Jeffrey, and Andreas

PISTOLEN BRINGEN MANCHMAL GLÜCK

Hansjörg Martin

Am Abend meines 31. Geburtstags, als ich *feststellte,* daß ich | to determine
vierzehn Jahre, fast die Hälfte meines Lebens, gearbeitet hatte,
ohne recht *voranzukommen,* entschloß ich mich, *auf andere* | to get ahead / in a different
Weise reich und glücklich zu werden. | way

5   Ich *hatte es satt,* jeden Wochentagmorgen um halb sieben | to be fed up
Uhr aufzustehen, sommers und winters in der vollen Stra-
ßenbahn *stadtwärts* zu fahren, müde zwischen ebenso müden, | in the direction of town
mißmutig zwischen ebenso mißmutigen Mitmenschen. | ill-tempered

Ich mochte nicht mehr von acht bis fünf in dem *entsetz-* | terrible
10 *lichen* Großraumbüro sitzen. Ich wollte nicht mehr täglich
achteinhalb Stunden Zahlenkolonnen *kontrollieren,* die vor | to check over
mir bereits eine *Rechenmaschine* und zwei andere Buchhalter | adding machine
kontrolliert hatten.

Es hing mir zum Hals heraus, die Wochenenden in meiner | to be fed up
15 *teilmöblierten Anderthalbzimmerwohnung* zu verschlafen, aus | partly furnished 1½ room apartment
Langeweile in *dämliche* Filme zu laufen oder stundenlang | silly, stupid
fernzusehen. Ich hatte es satt, auf irgendein *Wunder* zu warten, | to watch TV / miracle
das doch nicht kommen würde, und jeden Zehn-Mark-Schein
dreimal umzudrehen, ehe ich ihn auszugeben *wagte.* Ich hatte | to dare
20 mein kleines, enges *Büroangestelltendasein* satt, mein ganzes | life as an office worker
kleines, *enges* Leben—satt, satt, satt! | limited, restricted

Am Abend meines 31. Geburtstags *verwarf* ich den Glau- | to reject
ben an das Glück *von oben* und entschloß mich, die Sache | from above
selbst in die Hand zu nehmen. Ich beschloß, eine Bank zu
25 berauben. Und zwar möglichst bald. Aber natürlich nicht
übereilt and kopflos, denn ich hatte erkannt, daß zu einem | rushed, hurried
solchen *Unternehmen* neben einigem *Mut* vor allem Intelligenz | undertaking / courage
gehört und daß Geduld eine der weiteren *Voraussetzungen* | prerequisite
für das *Gelingen* ist. Zunächst *war ich darauf aus,* mir | success / I went about
30 *einschlägige Lektüre* zu *beschaffen* und diese zu studieren. | relevant / reading material / to procure

Es gibt *erstaunlich* viel Literatur über das Thema. Meist sind | surprisingly
es zwar *Schilderungen mißglückter* Raube, *Überfälle* und *Ein-* | description / unsuccessful / assault / break-in
brüche, doch auch diese interessierten mich, weil man aus den
Fehlern anderer am *ehesten* und leichtesten lernen kann. | most quickly

35 Die Lektüre war überaus zeitraubend und durchaus nicht
immer interessant, zumal die meisten Beschreibungen sich mit
den großen Banküberfällen *befaßten.* Das waren alles Überfälle | to deal with, treat
oder Einbrüche gewesen, die von mehr oder weniger gut or-
ganisierten, mehr oder weniger erfolgreichen Banden *aus-* | to carry out
40 *geführt* worden waren. Das heißt, bei genauem Hinsehen
waren diese Banden eigentlich nicht so besonders erfolgreich
gewesen. In 99 von 100 Fällen waren sie *geschnappt* worden. | caught

So eine Banden-Sache war aber ohnehin nichts für mich; das kam nicht in Frage. Denn *abgesehen davon,* daß ich nicht gewußt hätte, wo ich Komplicen hätte suchen und finden können—ich bin von Natur aus ein *Einzelgänger*—sagte mir

5 mein Instinkt, daß ich bei einem solchen *Vorhaben* auch nur als Einzelgänger Erfolg haben könnte. Während meines intensiven Studiums wanderte ich an den freien Mittwochnachmittagen durch die Stadt, *besichtigte* alle jene *Filialen* von *Sparkassen* und Banken, die in ruhigen Gegenden liegen, be-

10 trat auch—unter dem *Vorwand,* mich über *Sparkonten* informieren zu wollen—jede, um die Innenräume kennenzulernen, sah mir die Angestellten an, versuchte festzustellen, ob sie *wagemutig* aussahen, und *legte* mir so nach und nach eine Liste *an,* auf der ich die *Vorteile* der einzelnen Kreditinstitute *ge-*

15 *wissenhaft* notierte.

Ich prüfte, so gut ich es *unauffällig* konnte, wie modern und also *umgehbar* oder *unüberwindlich* die *Sicherungsvorkehrungen* waren, merkte mir die Ein- und Ausgänge, machte mir nach jedem Besuch eine kleine *Lageskizze,* auf der ich dann

20 auch gleich notierte, ob die Männer, Frauen und Mädchen hinter den *Schaltern* jünger, älter, langsamer, *flinker* wirkten und was ich sonst noch für wichtig und *bemerkenswert* hielt. Auf diese *langwierige,* gründlich-sorgfältige Weise *kreiste* ich allmählich vier Filialen *ein,* die alle Voraussetzungen für einen

25 erfolgreichen Überfall zu bieten schienen. Diese vier beobachtete ich nun unauffällig während weiterer Wochen so genau, wie es meine freie Zeit erlaubte. Ich *betrieb* diese *Vorbereitungen* mit Fleiß und sogar mit einem gewissen *Vergnügen,* da ich meinte, daß Unternehmen dieser Art an der kleinsten *In-*

30 *formationslücke scheitern* können. Ich fand schließlich heraus, daß die *aussichtsreichste* und ganz offenbar auch *einträglichste* Bankfiliale die in der Obernheimer Gasse sein würde. Sie wurde von einem blassen, kränklich wirkenden Mann in den späten Fünfzigern geleitet, dem eine ältere Frau mit scheuen

35 Augen, ein *schmächtiger, pickeliger* Jüngling und zwei *staksige* Teenager zur Seite standen.

Diese Bankfiliale hatte auch noch aus anderen Gründen allerlei für sich: die nächste *Polizeiwache* lag zwei Kilometer entfernt; gleich um die Ecke war eine U-Bahn-Station mit drei

40 Eingängen, und—das war letzlich das *Ausschlaggebende* für meine Wahl—rund um die Obernheimer Gasse befand sich eine größere Anzahl von kleinen und mittleren Fabriken, von

---

aside from the fact

loner
plan

look over / branch (of a bank)
savings and loan association
pretext / savings account

daring, bold
drew up
advantage / conscientiously

unnoticed
avoidable / insurmountable /
    safety precaution
plan, map

counter / quick, alert
noteworthy
tedious / to single out

to pursue / preparation
pleasure
lack of information
to fail
most promising / most
    profitable

emaciated, weak / pimple-
    faced / scrawny, clumsy

police station

deciding factor

denen die meisten am Freitag gegen Mittag durch *Boten*
Beutel oder *Aktentaschen* mit *Lohngeldern* abholen ließen.
Demnach mußte an Freitagen—und zwar so gegen zehn Uhr
morgens—ein *beträchtlicher Geldbetrag* in dieser Filiale zur
5 *Auszahlung zur Verfügung sein.* Das war wichtig. Denn ich
hatte ja vor, bei meinem Coup mindestens 300 000 bis
400 000 Mark zu *erbeuten,* mit denen ich, bei *geschickter An-*
lage, mindestens zehn, zwölf Jahre so würde leben können,
wie ich wollte.

10 Soweit war ich schon, als die Probleme der Technik des
Überfalls mich zu *beschäftigen* begannen.

Ich entschloß mich, nur eine Sonnenbrille zu benutzen.
Sonnenbrillen machen schon weitgehend unkenntlich. Dazu
bot ein einfacher grauer Regenmantel die beste *Tarnung.*

15 Ich *erstand* in einem großen *Warenhaus* einen Trenchcoat,
der beidseitig zu tragen war—innen beige, außen graubraun.
Ich würde ihn nach der Tat einfach umdrehen.

Schwieriger war schon die Frage zu lösen, worin ich das
erbeutete Geld transportieren könnte. Am besten gefiel mir die
20 Idee, unter dem Mantel einen Rucksack zu verstecken, den
Kassierer mit vorgehaltener Pistole zu zwingen, die Scheine in
zwei *Leinenbeutel* zu packen und diese beiden Beutel sofort
nach Verlassen der Bankfiliale im Rucksack zu *verstauen.* Das
würde leicht in einer dunklen *Tordurchfahrt* möglich sein, vier-
25 zig Schritt von der Filiale entfernt. Von dort aus konnte ich
innerhalb einer Minute nach dem Raub—nun im hellen
Regenmantel, mit Rucksack und ohne Sonnenbrille—die U-
Bahn-Station erreichen und in Sicherheit sein. Doch die *aller-*
größte Schwierigkeit stand mir noch bevor: Woher sollte ich
30 die *Waffe* nehmen, mit der ich den Filialleiter, das Personal
und eventuell *anwesende Kundschaft in Schach halten* mußte?

Ich brauchte wohl besser zwei Pistolen, für jede Hand
eine—am besten sehr gefährlich aussehende Pistolen, und dabei hatte ich überhaupt nicht die *Absicht,* zu schießen . . . ja,
35 ich hatte nicht mal die Absicht, mit geladenen Waffen zu ope-
rieren. Denn ich kann ja gar nicht schießen. *Im Gegenteil,* ich
fürchte mich, wenn ich ehrlich sein will, vor Waffen jeder Art.

Spielende Kinder brachten mich endlich auf eine Idee. Ich
kaufte zwei Spielzeugpistolen aus Plastik, die *täuschend* echt
40 aussahen. Und als ich mich am Abend im Spiegel meines
Schlafzimmerschranks betrachtete, fand ich, daß ich mit

Glossary (right margin):

messenger
bag / briefcase / payroll

substantial / sum of money
payment / to be available
to get away with / skillful, resourceful / investment

to occupy

disguise, camouflage
to purchase / department store

cloth bag
to stash away
passageway

greatest
weapon
present / customers
to keep in check

intention

on the contrary

deceptively

Trenchcoat, Sonnenbrille, *Schirmmütze* und den beiden Pistolen sehr gefährlich wirkte. — cap with a visor

Es konnte losgehen. — I was ready (*lit.* it could begin)

Ich *gebe zu,* daß ich die Nächte vor dem vorgesehenen — to confess
5 Freitag nicht sehr gut schlief. Aber das war ja auch kein Wunder—man raubt schließlich nicht alle paar Tage eine Bank im Alleingang aus, nicht wahr?

Mein vom mangelnden Schlaf schlechtes Aussehen machte meine Krankmeldung in der Firma glaubhaft. Auch das hatte
10 also sein Gutes. Ich *ließ mich* bereits am Mittwoch wegen einer schmerzhaften *Unterkieferentzündung,* deren *Bösartigkeit* ich — inflammation of the lower jaw/seriousness
mittels *Watte* in der Backe überzeugend demonstrierte, *beurlauben.* — absorbent cotton/to request and be granted a leave

Und an dem großen Tag stand ich dann kurz vor zehn Uhr,
15 die zwei Spielzeugpistolen in den Manteltaschen, den Rucksack unter dem Trenchcoat, die Leinenbeutel für das Geld zusammengerollt unterm Arm auf der anderen Straßenseite, meinem „Objekt" direkt gegenüber. Es regnete. Das war zwar nicht *eingeplant,* aber es war auch nicht schlimm—eher im — planned for
20 Gegenteil: es war gut, falls sie Hunde einsetzten. Ich atmete tief und ging langsam über die Straße auf den Eingang der Filiale zu.

Vor mir stiegen zwei Herren die drei Stufen hinauf, die in das Geldinstitut führten. Das war nichts Ungewöhnliches. Den-
25 noch wartete ich vor einem Schaufenster voller Kleider, zählte langsam bis 130—zehnmal dreizehn; dreizehn ist meine Glückszahl—, *gab mir einen Ruck* und ging auf den Filialen- — to give oneself a push
eingang zu.

In diesem Augenblick—ich war etwa noch zehn, zwölf
30 Schritte entfernt—wurde die Tür der Bank *aufgerissen.* Die — to throw open
zwei Herren stürzten heraus. Sie hatten *Nylonstrümpfe* über — nylon stockings
ihre Gesichter gezogen und Säcke in der Hand.

„Hiiilfe!" schrie drinnen eine *grelle* Frauenstimme. Ich — high-pitched, harsh
hatte, ehe ich denken konnte, meine beiden Plastikwaffen ge-
35 zogen und schrie: „Hände hoch!"

Die beiden Männer blieben mitten im Lauf wie vom Blitz getroffen stehen und rissen die Arme hoch. Zwei Revolver *klirrten* aufs Pflaster, die Säcke fielen zu Boden. Der eine — to clatter
öffnete sich und Geldscheine *wirbelten* über die nassen Steine. — to swirl
40 Den *Bruchteil* einer Sekunde lang dachte ich daran, die — fraction
Säcke einfach aufzuheben und *davonzusausen.* — to dash away

Aber da kamen schon der Filialleiter und der pickelige
Jüngling heraus, drei Männer von der Straße rannten herbei,
alle griffen nach den vom Schreck wie *gelähmten* Maskierten   paralyzed
und hielten sie fest und *drehten ihnen die Arme auf den*   to twist their arms behind their backs / to scream loudly
5   *Rücken* und *schrien um die Wette.* Und da *heulte* auch schon
die Sirene des ersten *Funkstreifenwagens.*   to wail (siren) / patrol car

Ich wurde gefeiert. In allen Zeitungen stand etwas über
meinen außerordentlichen Mut. Die Bankzentrale überreichte
mir in einem *feierlichen* akt eine *Belohnung* von 10 000 Mark,   ceremonious / reward
10   und von irgendeiner anderen Stelle bekam ich auch noch mal
5 000 Mark—von der *Versicherung,* glaube ich, und dann   insurance
noch mal 5 000, die nach einem früheren Überfall auf die
Ergreifung der beiden Räuber *ausgesetzt* worden waren.   capture / *here:* to offer

Und *alle Welt* wollte sich totlachen, daß zwei so ungeheuer   everyone
15   gefährliche Burschen *sich* von Spielzeugpistolen hatten *ins*
Bockshorn jagen lassen, die ein harmloser—jawohl, harmloser   to allow oneself to be fooled
schrieb das eine Blatt—, aber eben *wachsamer* und *einsatz-*   alert / prepared
bereiter Mann *gezückt* hatte, ein Mann, der die Gefahr für sein   to draw, pull
eigenes Leben gering *achtete* und es für Ruhe und Sicherheit   to heed
20   *in die Schanze zu schlagen* bereit war—und so weiter und so   to sacrifice
weiter.

Obwohl ich auch in meinem *Betrieb* tagelang im Mittelpunkt   plant, company
stand und vom obersten Chef einen *Anerkennungsscheck*   check of appreciation
über 500 Mark bekam, *kündigte* ich trotzdem in der Woche   to resign, quit one's job
25   darauf, denn ich hatte—und das ist eigentlich das Schönste—
ich hatte ein *verlockendes Angebot* der Bank angenommen.   tempting / offer

Nun *bin* ich schon seit vier Monaten als Geldbote *tätig,*   to be active, work
habe einen Wagen, fahre damit jeden Tag zu den verschie-
denen *Zweigstellen* und bringe Geld hin. Manchmal viel Geld.   branch (of a bank)
30   Mein *Gehalt* ist fast doppelt so hoch wie früher. Es geht mir   salary
gut. Ich brauche nicht mehr jeden Zehn-Mark-Schein umzu-
drehen, bevor ich ihn ausgebe. Das kommt davon, wenn man
eine *Vertrauensstellung* hat.   position of trust

Das einzige, was mich etwas stört, ist der Gedanke, daß
35   irgendso ein *Ganove* auf den Gedanken kommen könnte,   gangster
mich zu überfallen.

ÜBUNGEN

A. I. Express in German.

1. I had worked for fourteen years.
2. I decided to become rich and famous in another way.
3. Summer and winter I went to town on the streetcar.
4. Two other bookkeepers checked the figures before me.
5. I watched TV out of boredom.
6. More than intelligence was necessary to rob a bank.
7. There is a great deal of literature about the subject.
8. One can learn from the mistakes of others.
9. Most descriptions dealt with major bank robberies.

II. Answer in German.

1. Wie lange hatte der Erzähler in seinem Beruf gearbeitet?
2. Warum war er von seinem Leben enttäuscht?
3. Beschreiben Sie sein tägliches Leben.
4. Was für eine Arbeit hatte er?
5. Warum mußte er jeden Zehn-Mark-Schein dreimal umdrehen?
6. Was beschloß er zu tun, um reich und glücklich zu werden?
7. Womit fing er seine Vorbereitungen an?
8. Womit befaßten sich die meisten Beschreibungen?
9. Was für Überfälle und Einbrüche wurden beschrieben?

III. Rewrite the first and third paragraphs of the story in the third person. Be careful to make appropriate changes in the possessive adjectives as well.

B. I. Express in German.

1. My instinct told me I could not succeed.
2. Some banks lay in quiet sections of town.
3. Gradually I selected four branch banks.
4. The best branch bank was on Obernheimer Gasse.
5. It was headed by a pale, sickly man.
6. On Fridays there was a large amount of money at this bank.
7. I could live for twelve years from the money.
8. The best disguise was a simple, gray raincoat.

II.   Answer in German.

1.   Warum wollte er nicht mit anderen zusammenarbeiten?
2.   Was machte er an seinen freien Mittwochnachmittagen?
3.   Welchen Vorwand benutzte er, um die Sparkassen und Banken zu besichtigen?
4.   Was versuchte er, über die Bankangestellten herauszufinden?
5.   Was notierte er auf seinen Lageskizzen?
6.   Wer leitete die Bankfiliale in der Obernheimer Gasse?
7.   Nennen Sie drei Gründe, warum der Erzähler diese Filiale wählte.
8.   Warum war an Freitagen ein großer Geldbetrag in dieser Filiale?
9.   Was wollte der Erzähler mit dem gestohlenen Geld machen?
10.   Was wollte er als Tarnung benutzen?

III.   Supply the correct forms of the verbs in the tenses requested.

1.   Ich _____ (sein) von Natur ein Einzelgänger. (*past, pres. perf.*)
2.   Eine Banden-Sache _____ (kommen) nicht in Frage. (*pres., pres. perf.*)
3.   Ich _____ (wollen) mich informieren. (*past, pres. perf.*)
4.   Ich _____ (anlegen) mir eine Liste. (*pres., pres. perf.*)
5.   Ich _____ (betreiben) die Vorbereitungen mit Fleiß. (*pres., fut.*)
6.   Eine größere Anzahl von Fabriken _____ (sich befinden) in der Nähe. (*pres., fut.*)
7.   Sie _____ (lassen) durch Boten das Geld abholen. (*pres., past*)
8.   Er _____ (sich entschließen), nur eine Sonnenbrille zu benutzen. (*pres., fut.*)

C. I.   Express in German.

1.   I bought a trenchcoat at a department store.
2.   It was a difficult question to solve.
3.   I hid the backpack under my coat.
4.   That would be easily possible.
5.   Where should I get the weapons?
6.   It was not my intention to shoot.
7.   I bought toy guns that looked real.
8.   It was not surprising that I did not sleep well.
9.   The rain was not planned but was not so bad.

II.   Answer in German.

    1.   Was war ungewöhnlich an seinem Trenchcoat?
    2.   Wie wollte er sein Geld transportieren?
    3.   Was wollte er vierzig Schritte von der Filiale entfernt tun?
    4.   Warum wollte er nicht mit geladenen Pistolen arbeiten?
    5.   Wie kam er auf die Idee, Spielzeugpistolen zu benutzen?
    6.   Warum schlief er in den Nächten vor dem Freitag nicht gut?
    7.   Warum glaubte man in der Firma seine Krankmeldung?
    8.   Aus welchem Grund ließ er sich am Mittwoch beurlauben?
    9.   Wie war das Wetter an seinem „großen" Tag?
   10.   Warum war das Wetter für seinen Plan gut?

III.   Fill in the blanks with the correct forms of the adjectives.

    1.   Ich erstand einen _____ (gray brown) Trenchcoat.
    2.   Das wäre leicht in einer _____ (dark) Einfahrt.
    3.   Am besten wären zwei gefährlich _____ (looking) Pistolen.
    4.   Mein _____ (bad) Aussehen machte meine Krankmeldung glaubhaft.
    5.   Ich hatte eine _____ (painful) Unterkieferentzündung.
    6.   An dem _____ (great) Tag stand ich vor der Bankfiliale.

D. I.   Express in German.

    1.   Two men went up the steps in front of me.
    2.   I waited and counted to 130.
    3.   In this instant the door of the bank was thrown open.
    4.   I pulled my guns and cried: "Hands up."
    5.   For a moment I thought about grabbing the bags and fleeing.
    6.   The insurance gave me 5000 marks.
    7.   Everyone thought it was hilarious.
    8.   A week later I quit my job.
    9.   My salary is almost double as much as before.

II.   Answer in German.

    1.   Was geschah, als er kurz vor dem Eingang der Bank war?
    2.   Wie waren die zwei Herren verkleidet?
    3.   Was machte der Erzähler, als er den Hilferuf der Frau hörte?
    4.   Was hatten die Männer in ihren Händen?

5. Woher bekam der Erzähler soviel Geld?
6. Worüber wollten sich alle Leute totlachen?
7. Was bekam der Erzähler von dem obersten Chef seines Betriebs?
8. Warum kündigte er seine Stelle?
9. Was ist seine jetzige Arbeit?
10. Welcher Gedanke stört den Erzähler an seiner neuen Stelle?

III. Construct sentences in the present perfect tense using the given elements.

1. Vor mir / heraufsteigen / zwei Herren / die drei Stufen.
2. Ich / geben / mir / einen Ruck / und zugehen / auf den Filialeneingang.
3. Die Tür / der Bank / werden / aufgerissen / und / die zwei Herren / herausstürzen.
4. Die Herren / stehenbleiben / mitten im Lauf / und / hochreißen / die Arme.
5. Der eine Sack / sich öffnen / und / Geldscheine / wirbeln / über die Straße.
6. Alle / greifen / nach den Männern / und / festhalten / sie.
7. In allen Zeitungen / stehen / etwas / über meinen Mut.
8. Ich / bekommen / eine Belohnung / von 10 000 Mark.
9. Obwohl / ich / in meinem Betrieb / im Mittelpunkt / stehen, / kündigen / ich / trotzdem.
10. Ich / brauchen / nicht mehr / jeden Zehn-Mark-Schein / umdrehen, / bevor / ich / ihn / ausgeben.

E. Give the noun or verb that corresponds to each of the following expressions.

EXAMPLE: vorwerfen—der Vorwurf

die Voraussetzung   _____

die Schilderung   _____

besichtigen   _____

die Entzündung   _____

wirbeln   _____

sich beurlauben   _____

schreien   _____

versichern   _____

ergreifen   _____

die Jagd   _____

F. Match the words in the left column that are most closely related to the words in the right column.

mißmutig   **1.** das Kaufhaus
das Unternehmen   **2.** die Hochachtung

die Schilderung
der Einzelgänger
unauffällig
erstehen
scheu
das Warenhaus
die Anerkennung
kündigen
das Gehalt

3. die Stellung aufgeben
4. schlechte Laune
5. kaufen
6. die Beschreibung
7. der Betrieb, die Firma
8. der Sonderling
9. das Gewehr
10. das Einkommen, die Bezahlung
11. ängstlich

G. Rewrite the following sentences by replacing the expressions in italics with the appropriate antonyms from the list.

wenig   der Mißmut   ein geselliger Mensch   leichter   sich schließen
schnell   harmlos   jemand anders überlassen   die Trägheit

1. Ich entschloß mich, die Sache *selbst in die Hand zu nehmen.*
2. Es gibt erstaunlich *viel* Literatur über das Thema.
3. Ich bin von Natur *ein Einzelgänger.*
4. Ich betrieb die Vorbereitung mit *Fleiß* und *Vergnügen.*
5. Diese Frage ist *schwieriger* zu lösen.
6. Die Pistolen sollen sehr *gefährlich* aussehen.
7. Ich ging *langsam* über die Straße.
8. Der eine Sack *öffnete sich.*

ZUR UNTERHALTUNG

Schriftliche Aufgabe: Der Erzähler schreibt einen Brief an seine Mutter und beschreibt, wie er zum Helden wurde.

Unterhaltung: Einer der Bankangestellten erkennt den Erzähler und erinnert sich, ihn schon öfters in der Bank gesehen zu haben. Auf der Polizei unterhalten sich die Beteiligten.

Diskussion: Welche anderen Möglichkeiten bieten sich dem Erzähler, aus seiner täglichen Routine auszubrechen?

Debatte: Die Moral dieser Geschichte scheint zu sein, daß Verbrechen sich lohnen, zumindest, wenn man Glück hat. Die ganze Klasse ist aufgefordert, dazu Stellung zu nehmen.

DIE HAARKLEMME

HANSJÖRG MARTIN

Er *hatte* ein schneeweißes *Hemd an,* und das Blut *bildete im Handumdrehen* einen *bierdeckelgroßen* roten *Fleck* unter seinem linken *Schulterblatt,* als ihm das Messer in den Rücken fuhr. Mit einem *rasselnden Seufzer brach* er *zusammen* und fiel auf den *Teppich.* Der *Messergriff ragte* gut zehn Zentimeter *heraus* und *wackelte* ein bißchen. Die Frau stand über dem Toten. Sie trug lange schwarze *Handschuhe,* die einen starken Kontrast zum hellen Fleisch ihrer *Oberarme* bildeten, und einen *seidenen Schal* und einen sehr großen, ebenfalls schwarzen Hut, unter dem ihr rotes Haar *flammte.*

„Oh . . . Peter!" *murmelte* sie. Ein *Schauder* lief ihr über die schönen Glieder. Sie schlug die Hände vors Gesicht und stürzte hinaus. . . . Der *Vorhang* fiel.

Die *Zuschauer* brauchten sieben Sekunden, bis sie *sich* vom Schrecken der naturalistischen Szene *erholt* hatten. Dann brach stürmischer *Beifall* aus.

Das mit dem Messer war aber auch wirklich ein guter Gag. Heinrici, der *Requisiteur,* hatte mit Hilfe einer Special-Trick-Herstellungsfirma den *Dolch gebastelt.* Kitty Konstantin, die *Darstellerin* der weiblichen *Hauptrolle,* hatte sich anfangs entsetzt *geweigert,* dieses Mordinstrument zu gebrauchen. Aber schließlich *ließ* sie *sich* doch zur *Handhabung* der *Waffe* *überreden*—vielleicht hatte sie Angst gehabt, die Rolle zu verlieren. Jedenfalls stach sie nun seit drei Wochen Abend für Abend ihrem Partner *mit Schwung hinterrücks* das Messer ins Herz.

Ich *verabscheue* Mord. Ich habe ihn immer verabscheut. Es muß an meinem Beruf liegen. Als *Beamter* der Mordkommission *komme* ich so oft mit der Wirklichkeit *in Berührung,* daß ich an meinen relativ freien Abenden keinen Appetit mehr auf Tod und Blut habe, keine Lust auf *Leichen.*

Aber Hermann Termeulen, mit dem ich ganz gut bekannt bin, hatte mir *zugeredet:* „Sie müssen sich ‚Morden macht müde' ansehen, Kommissar!" hatte er gesagt, als er mich *anrief.* „Das ist ein so *hinreißend* gemachtes Stück—da werden Sie als *Fachmann* für *Verbrecher* sogar *Spaß* dran *haben!*" Er hatte mir zwei Karten angeboten, und ich konnte nicht gut nein sagen.

Ich nahm Doktor Hanappel mit. Er freute sich. Er ist *Junggeselle* wie ich. Wir haben *beruflich* viel miteinander zu tun und mögen uns ganz gern. Er sitzt im *Gerichtsmedizinischen*

Glossary (right margin):

to wear / shirt / to form
quickly / as large as a beer
  coaster / spot

shoulder blade

rattling / sigh / to collapse
carpet / knife handle
to extend, project

to quiver, shake

gloves

upper arm

silk / scarf

to flame, blaze

to murmur / shudder

curtain

spectators

to recover

applause

prop man
production company / dagger /
  to construct

actress / leading role

to refuse

handling / weapon / to let
  oneself be persuaded

with force / from behind

to abhor, detest

official, officer

to come into contact

corpse

to urge, persuade

to call / thrilling

expert / criminal / to enjoy

bachelor

professionally

medical examiner's office

Institut. „Ich möchte bloß wissen, wie das funktioniert", sagte
er, während die Leute immer noch applaudierten, ohne daß
sich allerdings einer der *Schauspieler* zeigte. „Wissen Sie es,   actor
Klipp?"

„Da *rutscht* die *Klinge* in den Griff, nehme ich an", sagte   to slide / blade
ich, „und *gleichzeitig platzt* irgendwo eine dünne *Gummiblase*   simultaneously / to burst /
mit einer blutroten *Flüssigkeit*—was weiß ich. Wir können Ter-   rubber balloon / liquid
meulen ja nachher mal fragen. . . . Ist übrigens gut in der Rolle,
der Junge. Warum kommt er nicht an die *Rampe*—bei dem   foot of the stage
Applaus?"

Ein Mann war vor den Vorhang getreten. Er war *unge-*   not made up
schminkt; im Licht des *Pausenscheinwerfers* wirkte sein Ge-   intermission spot-light
sicht *flach* und *kalkig.* Er *blinzelte.* Dann sagte er nach einer   flat / chalky / to blink
angedeuteten Verbeugung in die *allmählich eintretende* Stille: to suggest, hint / bow /
                                                                                                                          gradually / spreading
„Ich *bedaure* sehr, meine Damen und Herren, Ihnen *mit-*   to regret / to inform
teilen zu müssen, daß wir die *Vorstellung infolge* eines sehr   performance / as a result of
bedauerlichen, *unvorhersehbaren Unglücksfalles, der sich* soe-   unforeseen / accident
ben *ereignet* hat, nicht zu Ende führen können. Die *gelösten*   to occur / purchased /
Karten sowie die *Abonnementskarten behalten* ihre *Gültig-*   season tickets / to retain / validity
keit . . ."

Gemurmel *brandete auf* und *steigerte sich* zur *Unruhe.* Der   to arise / to increase /
Mann vor dem Vorhang hob die Hand. Es wurde wieder still.   commotion, uneasiness

„Sollte *sich* unter den *Anwesenden* im Zuschauerraum ein   persons present
Arzt *befinden,* so bittet die Direktion ihn, hinter die Bühne zu   to be
kommen. Ist da zufällig . . . ?"

„Ja, hier!" rief Dr. Hanappel, und er *kletterte* über meine   to climb over
Beine *hinweg.* „Warten Sie im Foyer auf mich, Klipp?
Wahrscheinlich dauert's nicht lange. Wir könnten uns ja mit
einer Flasche Wein für den *entgangenen* dramatischen *Genuß*   escaped, lost / pleasure
entschädigen, Ich *lade* Sie *ein. Einverstanden?"* „Danke",   to compensate / to invite /
sagte ich; „wenn ich zum Wein eingeladen werde, warte ich   agreed
besonders gern."

Nach ein paar Minuten *kam* ein Polizist in Uniform *quer*
durch das Foyer *auf mich zu.*   to cross over to me

„*Verzeihung,"* sagte er, „sind Sie Herr Oberkommissar   pardon
Klipp?" „Ja", antwortete ich.

„Sie möchten bitte mit auf die Bühne kommen. Es ist sehr
dringend." „Was gibt's denn?"   pressing, urgent

„Der Doktor sagt, es ist ein Mord!" *erwiderte* der unifor-   to answer
mierte *Kollege* leise, obwohl *weit und breit* niemand war, der   colleague / far and near
ihn hätte hören können.

Sie hatten fast alles falsch gemacht, was man in solchen Fällen falsch machen kann. Sie hatten Termeulen *umgedreht*, hatten ihm das Messer aus dem Rücken gezogen, hatten zu viert oder fünf *sämtliche Gegenstände* angefaßt, die nur *anzufassen* waren—aber ich machte ihnen keinen *Vorwurf*. Natürlich hatte keiner an Mord gedacht, warum auch?

to turn over

all / objects / to touch

reproach

„Tod durch einen *Stich* mitten ins Herz", sagte der Doktor, als ich ihn fragend ansah.

stab

Ich *veranlaßte* zunächst, daß die Mordkommission angerufen wurde. Dann sah ich mir die Leute an, die im Licht der nackten 200-Watt-*Birnen* herumstanden und wie *Wasserleichen* aussahen.

to cause to happen

light bulb / water-logged corpse

Die Schauspieler, zwei Herren und eine Dame—eben jene Kitty Konstantin, die *völlig starr* auf einem Stuhl saß und mit den *Zähnen* ihre Unterlippe *festhielt*—diese drei also schickte ich in ihre *Garderoben* und bat den *diensthabenden* Polizisten, dafür zu sorgen, daß niemand das Haus verließe. Dann schaute ich mir das Messer an.

completely / rigid

teeth / to clench

dressing room, wardrobe / on duty

to look at

Es lag neben dem Toten. Ich *hob* es mit dem Taschentuch *auf* und *drückte* die ziemlich *stumpfe* Spitze gegen meinen *Daumen*. Die Klinge *glitt* ohne den *geringsten Widerstand* zurück. Als ich den Druck *verringerte,* kam sie sofort wieder hervor. Sie war *rotgefleckt*. Ich konnte nicht feststellen—und das war ja eigentlich auch unwichtig—, welche der Flecken vom *Farbstoff stammten* und welche vom Blut Termeulens.

to pick up

to press / dull

thumb / to slide back / least / resistance

to lessen

spotted red

dye / to derive

Ein Mann in weißem *Kittel*, der neben mir stand, sagte: „Da ist eine *Feder* drin, glaub ich, Herr Kommissar!"

frock

spring

„Wissen Sie es nicht genau?" fragte ich.

„Nein", antwortete er. „Dafür ist der Requisiteur *zuständig,* der Heinrici. Der hat das Ding übrigens selber *entworfen*. *Angefertigt* hat's dann so eine Spezialfirma."

to be responsible

to design

to manufacture

Heinrici aber sei, das erfuhr ich, *ausgerechnet* heute kurz vor Beginn der Vorstellung nach Hause gegangen, weil ihm sehr schlecht war. Er hatte jedoch vorher alles vorbereitet und seine Pflichten dem *Bühnenarbeiter* Moll *übertragen*.

just, precisely

stage worker / to pass on, transfer

Moll, ein *schmaler* Mann mit großen Augen, war von Heinrici in die Mechanik des Mordmessers *eingeweiht* worden, hatte—so sagte er—den *hohlen* Griff mit rotem Farbstoff gefüllt und die Trickwaffe an die Stelle gelegt, wo sie jeden Abend zu Beginn des ersten Aktes *hingehörte*. Er konnte sich und mir nicht erklären, wieso das Messer vorher funktioniert

slender

to initiate, instruct

hollow

to belong

hatte und auch hinterher funktionierte, aber im entscheiden-
den Augenblick—im Moment des *Zustoßens*—*offensichtlich*   stabbing, striking / apparently /
versagt haben mußte. Die Klinge war einfach nicht zu-   to fail
rückgeglitten. Sie hatte tief zwischen Termeulens *Rippen* ge-   ribs
steckt.

Ich schickte den Polizisten mit meinem Wagen zur Wohnung des Requisiteurs Heinrici. Er solle ihn, wenn irgend
möglich, herbringen, sagte ich.

Dann begann ich *der Reihe nach,* alle *auszufragen,* die da   one after the other / to
waren.   question, interrogate

„Haben Sie was gesehen?"

„Hatte Termeulen Feinde?"

„Wissen Sie, wer—außer Heinrici, Moll und Frau Konstantin—das Messer angefaßt oder in die Hand genommen hat?"

„Wo waren Sie vor dem Beginn des ersten Aktes?"

„Wo waren Sie, während der erste Akt lief?"

„Wo waren Sie, als der Vorhang fiel?"

. . . und so weiter, und so weiter.

Inzwischen war die Mordkommission da. Einer der Kollegen
kam nach einer Viertelstunde zu mir und brachte mir eine
Haarklemme, die zu einem ovalen Ring *gebogen* worden war   bent
und *Blutspuren aufwies.* Er hatte sie unter dem Toten gefun-   trace of blood / to exhibit,
den.   show

Wir *probierten.*   to try

Das Ding paßte genau um die Messerklinge. Wenn man es
an die richtige Stelle schob, dahin, wo die Klinge aus dem Griff
kam, *klemmte* die Klinge und rutschte auch bei *beträchtlichem*   to jam, squeeze / considerable
Druck nicht in den Griff zurück. Genial einfach!

Als das Messer aus des toten Termeulen Rücken gezogen
worden war, mußte sich der Ring irgendwie *gelockert* haben   to loosen
und zu Boden gefallen sein. Dann hatten sie Termeulen umgedreht und dabei darübergerollt.

Heinrici kam mit dem Polizisten. Er sah blaß und *verstört,*   upset, disturbed
verschlafen und *verschreckt* aus. Ich fragte ihn, wann ihm   sleepy / frightened
schlecht geworden sei und ob er wisse, wovon.   to become ill

„Weiß ich nicht", sagte er. „Ich hab gegessen wie immer,
Brote von zu Hause. Gleich danach ist mir *übel geworden.*   to become ill
Wir saßen zu dritt in der Kantine. Ich hab Cola getrunken,
sonst nichts."

Ich ließ mir sagen, mit wem er da gesessen hatte. Dann
ging ich in Kitty Konstantins Garderobe. Die Schauspielerin

hatte sich etwas beruhigt. Sie saß vor ihrem *Schminktisch*. Die   dresser
Theaterfriseuse kämmte sie. Das war eine junge, sehr *aparte*   theater hairdresser / to comb /
Frau mit hübschen Augen.   striking, unique

     Ich nannte meinen Namen.

     „Prittwitz'', sagte sie.

     „Wenigstens heute noch . . .'', sagte Kitty Konstantin mit
einem Lächeln. Ich sah sie fragend an.

     „Bettina heiratet morgen'', erklärte sie, „also heißt sie nur
noch heute so. Ab morgen Frau Moll . . .''

     Das aparte Mädchen senkte die langen *Wimpern*. Ich stellte   eye lashes
drei *belanglose* Fragen und erhielt ebenso belanglose Ant-   meaningless
worten. Ich war ziemlich sicher, daß Kitty Konstantin *nichts*   to have nothing to do with it
mit der Sache zu tun hatte.

     Auf der Bühne *nahm* ich mir den *Inspizienten beiseite*.   stage manager / to take aside
„Haben Sie gesehen, wer dem Toten das Messer aus dem
Rücken gezogen hat?''

     „Ja. . . .'' Er *rieb sich* die Nase. „Die haben sich ja beinahe   to rub
darum gestritten, der Rückert und der Moll. Rückert war zuerst
neben Termeulen; dann kam Moll aus der *Kulisse* und wollte   stage wing, backstage
ihn wegschieben . . . ausgerechnet Moll, der doch nun keinen
Grund hatte, gerade Termeulen zu helfen, wo der. . . .'' Er   to be frightened / to become
erschrak über sich selbst und *verstummte*. „Na'', sagte ich   silent
langsam, „*raus damit*! Was war da mit Moll und Termeulen?''   speak it out

     Der Inspizient *zögerte. Ich ließ ihn nicht aus der Zange.*   to hesitate / to not let him
Schließlich redete er weiter: loose

     „Termeulen hat dem Moll heute abend gesagt, ‚Hast du
aber Glück, daß die Bettina mir zu spät über den Weg gelaufen
ist, Moll—sonst ging ich morgen mit ihr zum *Standesamt*.' Ter-   city hall, registrar's office
meulen nämlich *war* ganz hübsch *hinter dem Mädchen her*.   chasing the girl
Und die Bettina sieht schon verdammt gut aus—unsere Fri-
seuse. . . .''

     „Ich weiß'', sagte ich, „danke schön!'' Ich sah mich nach
Moll um. Er saß ganz hinten unter dem großen *Schild*   sign
RAUCHEN VERBOTEN und rauchte. Das war heute nicht so
wichtig. Ich *schlenderte hinüber* und setzte mich neben ihn auf   to stroll over
eine *Kiste*.   box, crate

     „Sie wollen morgen heiraten, Herr Moll?''

     „Ja'', sagte er *verblüfft*. Er sah mich an: „Warum?''   surprised

     „Ich fürchte, das wird ein bißchen schwierig sein.''

     „Wieso?'' Er stand auf und *lehnte sich* an die Wand. „Wieso   to lean
soll das . . .'' Er mußte *sich räuspern*. „. . . schwierig sein?''   to clear one's throat

„Wenn es Ihnen gelungen wäre, die *rundgebogene* Haar-   bent in a circle
klemme verschwinden zu lassen, die Sie um die Messerklinge
geschoben hatten'', sagte ich im *Plauderton* halblaut, „dann   conversational tone
sähe es vielleicht anders aus. Aber so . . . ?''

„Ich weiß überhaupt nicht, wovon Sie reden!'' sagte er
heiser. Die Zigarette *zitterte* zwischen seinen Fingern.   hoarsely / to tremble

„Nun, dem kann abgeholfen werden'', sagte ich. „Sie haben doch mit Heinrici zusammen in der Kantine gegessen,
nicht wahr?''

„Na und?'' *knurrte* er. „Was hat das mit meiner Hochzeit . . .''   to snarl, growl

„Da haben Sie ihm irgendwas in die Cola. . . .''

Er schob sich von der Wand ab und sprang mich an wie
ein *Raubtier.* Ich ließ ihn mit seinem eigenen Schwung über   predator
meine Schulter *kippen* und stieß nach. Er *knallte platt* auf den   to flip / to crash / flat
Rücken und blieb *stöhnend* liegen. Ich half ihm auf die Beine   groaning
und legte ihm die Hand auf die Schulter: „Herr Moll, ich muß
Sie *festnehmen.* Sie stehen unter *Mordverdacht.*'' Das aparte   to arrest / suspicion of murder
Mädchen mit den hübschen Augen und langen Wimpern
würde sich noch eine Weile Fräulein Prittwitz nennen müssen.
Sie tat mir neben Termeulen eigentlich am meisten leid.

ÜBUNGEN

A. I.   Answer in German.

1.   Wer hat den Mann erstochen?
2.   Wie war die Frau gekleidet?
3.   Wer hat den Trick-Dolch hergestellt?
4.   Warum hat Kitty Konstantin die Waffe schließlich doch gebraucht?
5.   Was ist der Beruf des Erzählers?
6.   Wer hat ihm Karten für das Schauspiel geschickt?
7.   Mit wem ging er ins Theater?
8.   Wie funktioniert das Messer?
9.   Welche Mitteilung machte der Mann vor dem Vorhang?
10.   Warum brauchte man einen Arzt?
11.   Was wollten Herr Klipp und Dr. Hanappel hinterher tun?
12.   Warum kam der uniformierte Polizist zu Herrn Klipp?

II. Express in German.

1. The actor wore a white shirt.
2. The lady stood over the dead man.
3. She ran out before the curtain fell.
4. At first Kitty refused to use the knife.
5. It had to do with his profession that Kipp disliked murder.
6. Mr. Termeulen offered him two tickets and he could not say no.
7. We have a lot to do with one another professionally.
8. I'm sorry to have to tell you about the accident.
9. It probably won't take long.
10. I like to wait when I'm invited to a bottle of wine.

III. Fill in the blanks with the correct forms of the given descriptive adjectives.

1. Es gab einen _____ (*red*) Fleck unter seinem _____ (*left*) Schulterblatt.
2. Die _____ (*long*) _____ (*black*) Handschuhe bildeten einen _____ (*strong*) Kontrast zu der Farbe ihrer Arme.
3. Bei der _____ (*naturalistic*) Szene lief ein Schauder über die Zuschauer.
4. Kitty Konstantin spielte die _____ (*female*) Hauptrolle.
5. Das Schauspiel war ein _____ (*well*) _____ (*made*) Spiel.
6. Eine _____ (*red*) Flüssigkeit fließt aus dem Griff des Messers.
7. Das Gesicht des Mannes wirkte _____ (*flat*) und _____ (*chalky*)
8. Der _____ (*uniformed*) Polizist redete sehr leise.

B. I. Answer in German.

1. Was hatten die Schauspieler mit Termeulen falsch gemacht?
2. Warum sahen alle Leute wie Wasserleichen aus?
3. Wo lag das Messer?
4. Warum ist Heinrici nach Hause gegangen?
5. Wohin schickte Klipp den Polizisten?
6. Was brachte der Kollege der Mordkommission?
7. Wo fanden sie die Haarklemme?
8. Warum ging die Messerklinge nicht in den Griff zurück?
9. Wann ist Herrn Heinrici schlecht geworden?

II. Express in German.

    1. They did everything wrong.
    2. Naturally no one thought about murder.
    3. I sent the three to their dressing rooms.
    4. The knife lay next to the dead man.
    5. Heinrici had gone home because he felt ill.
    6. Moll had placed the knife where it belonged.
    7. Do you know if Termeulen had enemies?
    8. A quarter of an hour later a hair clip was found.
    9. Heinrici looked pale and disturbed.
   10. After I ate my bread I became ill.

III. Change the verbs in the following sentences to the present tense.

    1. Sie hatten Termeulen umgedreht und hatten ihm das Messer aus dem Rücken gezogen.
    2. Keiner hatte an Mord gedacht.
    3. Ich sah den Arzt fragend an.
    4. Die Leute sahen wie Wasserleichen aus.
    5. Kitty Konstantin hockte auf einem Stuhl und hielt ihre Unterlippe mit den Zähnen fest.
    6. Ich hob das Messer mit einem Taschentuch auf.
    7. Die Klinge glitt in den Griff zurück.
    8. Heinrici hatte alles vorbereitet und seine Pflichten Herrn Moll übertragen.
    9. Er konnte mir nicht erklären, warum das Messer jetzt wieder funktionierte?
   10. Die Haarklemme wies Blutspuren auf.

C. I. Answer in German.

    1. Wo saß Kitty Konstantin, als Klipp zu ihrer Garderobe kam?
    2. Wen wollte Fräulein Prittwitz am nächsten Tag heiraten?
    3. Warum hatte Moll keinen Grund gehabt, Termeulen zu helfen?
    4. Wo fand Klipp Herrn Moll?
    5. Mit wem war Heinrici in der Kantine zusammen gewesen?
    6. Warum ist Heinrici krank geworden?
    7. Warum wurde Herr Moll festgenommen?

II. Express in German.

    1. I had him tell me with whom he had eaten.
    2. The attractive young woman was combing (the hair of) the actress.
    3. Tomorrow her name will be Moll and not Prittwitz.
    4. I asked three meaningless questions and got three meaningless answers.

5. Do you know who pulled the knife from the back of the dead man?
6. Rückert and Moll almost quarreled about it.
7. Moll had no reason to help Termeulen.
8. Termeulen was after the girl.
9. Moll was sitting under the "No Smoking" sign and smoking.
10. I don't know what you're talking about.

III. Rewrite the following sentences by placing the word or words in parentheses at the beginning of the sentences.

1. Die Schauspielerin saß in ihrer Garderobe. (vor dem Schminktisch)
2. Sie sagte etwas. (mit einem Lächeln)
3. Das Mädchen heißt Prittwitz. (nur noch heute)
4. Ich nahm mir den Inspizienten beiseite. (auf der Bühne)
5. Moll kam schnell. (aus der Kulisse)
6. Er redete weiter. (schließlich)
7. Sie ist mir über den Weg gelaufen. (zu spät)
8. Ich sah mich um. (nach Moll)
9. Ich weiß überhaupt nicht. (wovon Sie reden)
10. Er schiebt sich ab. (von der Wand)

D. Match the antonyms.

wackeln	**1.** geradegehen
sich erholen	**2.** locker
die Hauptrolle	**3.** krankwerden
mit Schwung	**4.** vergrößern
der Fachmann	**5.** die Nebenrolle
mitnehmen	**6.** einzeln
allmählich	**7.** auf einmal
der Genuß	**8.** der Amateur
sämtlich	**9.** bedeckt
nackt	**10.** der Schmerz
starr	**11.** träge
verringern	**12.** vergessen

E. Give the infinitives of each of the following verb forms.

brach zusammen	bedauerte
stürzte hinaus	hat verziehen
brauchte	drehte um
weigerte sich	veranlaßte
hatte mitgenommen	zögerte

F. Form adjectives from the following words and give the meanings.

der Fleck
wackeln
die Unruhe
der Fachmann
der Verbrecher
der Beruf

der Kalk
der Zufall
der Fall
die Spitze
der Augenblick
der Grund

ZUR UNTERHALTUNG

Schriftliche Aufgabe: Erzählen Sie die Handlung eines Fernsehkrimis oder eines Filmkrimis nach, den Sie einmal gesehen haben.

Schriftliche Aufgabe: Termeulen glaubte, als Star seine Mitspieler und die Bühnenarbeiter ausnutzen zu können. Schreiben Sie über jemand anders, der einen Grund gehabt hätte, ihn umzubringen.

Dramatisierung: Stellen Sie die Geschichte „Die Haarklemme" schauspielerisch mit allen Studenten und Studentinnen der Klasse dar. Wenn nötig, können Sie neue Rollen erfinden.

Dialog: Kitty Konstantin hat seit längerer Zeit ein Verhältnis mit Termeulen. Als sie von seinem Techtelmechtel mit Fräulein Prittwitz hört, wird sie eifersüchtig und plant gemeinsam mit Moll seinen Tod.

DER EHRBARE RUDI

IRENE RODRIAN

Die ganze Dollarkrise war ja nichts gegen die *Krise* in meiner crisis
Kasse. Absoluter *Nullpunkt.* Und dabei wird alles immer till, cash register / zero
teurer und teurer. Ein Paar *Stiefel* 200 Mark—das ist doch boots
wahnsinnig! Sicher, ich hätte sie nicht *unbedingt* kaufen crazy / absolutely
müssen. Aber soll ich vielleicht *barfuß* laufen. . . . Arbeiten? barefoot
Was heißt arbeiten? Ich tue ja nichts anderes als *schuften.* to slave away
Aber haben Sie doch mal so einen *Chef*—nee, danke! Au- boss
ßerdem bin ich wirklich zu intelligent für diesen *stumpfsinnigen* dull, stultifying
Job. *Ehrlich,* das kann ich Ihnen *beweisen.* . . . Schön, der honestly / to prove
Trick ist nicht mehr ganz neu; aber die *Ausarbeitung,* die *Fein-* execution / details
heiten—schon Klasse; das werden sogar Sie *zugeben.* to admit

Das einzig Dumme war nur, ich konnte es nicht allein
machen. Ich brauchte einen Partner. Das war ein echtes Problem. Mit wem sollte ich zusammenarbeiten? Es ist ja schließlich
eine *Vertrauenssache.* Und wem kann man schon trauen auf matter of trust
dieser Welt?

Da kam nur der Rudi in Frage. Der ist nun wirklich ehrlich.
Aber der wollte nicht.

„Hör mal!" sag ich zu ihm, „*leih* mir mal einen Hunderter." to loan, lend
Da lacht er doch bloß!

„*Liebling*", sagt er, „gib mir doch zuerst die Fünfzig von darling
letzter Woche zurück."

„Rudi, *Schätzchen*", sage ich, „so sieht die wahre Liebe honey, treasure
aber nicht aus." Und dann hab ich ihm den ganzen Plan
erklärt. Gelacht hat er dann nicht mehr. Nur den Kopf
geschüttelt. „Nein, das ist mir zu gefährlich. Ich hab noch nie to shake
was mit der Polizei zu tun gehabt."

„Brauchst du doch auch nicht", hab ich ihm *zugeredet.* „Du to encourage, urge
investierst nur den einen Hunderter. Alles andere mach ich
selber!"

Es war eine ganz schöne Arbeit, bis ich ihn *überzeugte.* to convince
Aber dann hat er doch ja gesagt. Es war aber wirklich ein ganz
toller Plan. Und außerdem liebt er mich und kann mir *auf die* excellent, fantastic
Dauer gar nichts *abschlagen.* Ich mag ihn ja auch. Er ist mir in the long run / to deny, refuse
nur ein bißchen zu ehrbar. Für was Ernstes, meine ich.

Am nächsten Tag *ging's dann los.* Zuerst hab ich bei ver- to begin
schiedenen Banken *Konten eröffnet.* Ich habe gesagt, daß ich accounts / to open
beim *Fernsehen* bin und ein *Gehaltskonto* brauche. *Das zieht* television / salary account
immer. Und mit den schönen neuen *Scheckheften* konnten that always convinces / checkbook
wir dann anfangen.

Ich *zahlte* auf der ersten Bank Rudis Hunderter *ein* und gab deposit

Rudi einen unterschriebenen *Barscheck* über einhundert Mark. Und genau eine halbe Stunde Zeit. Dann rannte ich zu ELEK-TRO-FEIN und *suchte* mir ein feines Transistorradio für 98 Mark *aus*. Der Verkäufer hatte es wohl gerade langweilig, wollte mir da *langatmig* was über *Leistung* und *Netzteil* erzählen. *Mir wurde schon ganz komisch.* Nur noch *knapp* zehn Minuten.

„Ja, ja, schon gut!" Ich holte mein Scheckheft hervor. „*Packen* Sie ihn *ein!*" Und schrieb *ordentlich* und gut *lesbar:* DM 98,- (in Worten: achtundneunzig). Brauchte der ja nicht zu sehen, daß mein *Kugelschreiber* zitterte. Nächstesmal nehme ich einen *Filzschreiber.* Aber er packte mir das Ding nicht ein. Dachte gar nicht dran. „Haben Sie eine *Kreditkarte?*"

Ich denk, ich hör nicht recht. Grinse aber nur *blasiert* zurück: „Sie können ja bei der Bank anrufen und fragen, ob der Scheck gedeckt ist."

Und dann ging er doch *tatsächlich* zum Telefon. Noch sechs Minuten, und der geht zum Telefon!

Er kam zurück. Leicht *verlegen*—logisch; der Scheck war ja mit Rudis Hunderter *bestens* gedeckt. . . . Noch! Ich *schnappte* mir das Radio und die *Quittung* und verschwand. Noch zwei Minuten, dann würde Rudi den Hunderter *abheben.* Tat er auch. Wir trafen uns bei dem *Pfandhaus.* Ich bekam für das Radio nur 40 Mark. Aber *immerhin,* jetzt hatten wir schon 140.

Bei der nächsten Bank zahlte ich die 140 ein, gab Rudi einen Scheck über die gleiche Summe und wieder eine halbe Stunde. Dann ab zu BÜRO-BURGER. Ist immer wichtig, daß man *Zeug* kauft, das sich gut *versetzen* läßt. Und *Leihhäuser* gibt's ja auch mehr als genug. Für eine 136-Mark-*Reiseschreibmaschine* bekam ich *glatte* 80. Hatten wir schon 220. Der Rudi war immer noch leicht nervös, wenn er die Schecks *einlösen* mußte, hatte aber endlich mitbekommen, wie genial ich war. Was sollte ihm denn auch groß *passieren?* War ja kaum anzunehmen, daß so ein Verkäufer gleich zur Bank ging, wenn sie ihm gesagt hatten, daß der Scheck okay ist.

Ich wurde auch immer *lässiger.* Nicht, daß ich vorher nervös gewesen wäre—das doch nicht! So die *überlegene Gelassenheit,* die sie im Fernsehen immer haben, die muß man sich allerdings erst erarbeiten. Lohnt sich aber. *Beeindruckt* die Leute. Sogar Rudi, den alten *Knicker.* Bei der nächsten Bank

---

Glossen:

- (cash) check
- to select, choose
- long-windedly, lengthy / performance / power pack / I felt strange
- barely
- to wrap
- orderly / legibly
- ball point pen
- felt tip pen
- here: check cashing card
- blasé
- really
- embarrassed
- in the best way / to grab
- receipt
- to withdraw
- pawn shop / still
- thing / to pawn / pawn shops
- portable typewriter / smooth, here: even
- to cash
- to happen
- more casual, calmer
- superior / composure
- to impress
- miser, tightwad

legte er noch einen Hunderter *drauf.* Hatten wir also 320, die — to add
wir einzahlen konnten. Ich gab Rudi wieder einen Scheck und
lief rüber zu FOTO-FISCHL. Die *einäugige Spiegelreflex* für — single-lens reflex
315 hätte ich gern behalten. Klein, *handlich, schick.* Der — handy / neat, nice
Verkäufer meinte auch, das wär was fürs Leben. Ob ich gleich
einen Film dazu haben wollte. Ich wollte nicht, um Himmels-
willen. Hatte schon mein Scheckheft in der Hand. Schaute er
mir tief in die Augen: „Warten Sie bitte einen Moment." Und
er war weg.

Mir wurde warm. Um nicht zu sagen heiß. Die Zeit *rannte* — I felt warm / to run away
mir *davon,* und ich *war nah dran,* hinterherzurennen. Wo blieb — to be close
er bloß? Und was *hatte er vor?* Als er zurückkam, lächelte er — to intend
freundlich. „Sie bekommen die Kamera natürlich in der *Ori-* — original package
ginalverpackung. Das andere war nur ein *Vorführmodell.*" — demonstration model

Am liebsten hätte ich ihm seine Originalverpackung über
den *kahlen Schädel geknallt.* Was ich natürlich nicht tat. — bald / skull / to smash
Selbstbeherrschung und Disziplin haben schon immer zu den — self-control
Eigenschaften gehört, die mich *auszeichnen.* — characteristics / to distinguish

Als ich wieder auf der Straße war mit dem Fotoapparat und
der Quittung, war ich *heilfroh,* daß ich Hosen *anhatte,* damit — happy / to wear
Rudi nicht sehen konnte, wie meine Knie *wackelten.* 150 Mark — to shake
bekam ich dafür, und da ging's mir gleich wieder besser.

Wir zahlten die 470 ein, und ich gab Rudi den Scheck. Als
nächstes kaufte ich eine *Filmkamera* für 450. Dafür gab es — movie camera
200. Waren alles zusammen 670.

Dann ging ich eine Uhr kaufen. Die Läden gefallen mir
unheimlich, weil es überall *glitzert.* Der Boden ist mit *Flausch-* — awfully much
teppich ausgelegt und die *Vitrinen* spiegeln. Die Verkäuferin — to glisten / shag carpet
legte ein *Tablett* aus *nachtblauem Samt* vor mich hin, und — glass showcase / tray
darauf kamen die Uhren. Eine kostete gerade 645. Echt Gold, — deep blue / velvet
Schweizer Qualitätsarbeit. *Da gibt's nichts.* Und eins *muß man* — you can't say anything against
denen ja lassen; je höher die Schecks werden, *um so freund-*   it
licher die Bedienung. Die Frau im Uhrenladen rief nicht mal — you have to say one thing / the higher . . . the friendlier
mehr bei der Bank an. Fand ich *prima.* Wo's doch heute so — excellent, *here:* great
wenig Vertrauen unter den Menschen gibt. Rudi löste wieder
den Scheck ein, und dann trafen wir uns beim Pfandhaus. Für
Uhren gibt es nicht soviel, aber immer noch besser als nichts.
250 zu unseren 670, das gab 920.

Eigentlich hätten wir uns *eine Pause* und einen Drink ver- — break, rest
dient, aber Rudi war *auf den Geschmack gekommen* und — to get the taste
drängelte. Also zahlten wir die 920 wieder ein, bei der fünften — to press, push

Bank, AGRAR UND FORSTEN. Rudi nahm den Scheck, und ich ging zu RADIO-BECKER. Und kaum war ich drin, da *bedauerte* ich auch schon, daß ich Rudi diesmal nicht mehr Zeit gegeben hatte. War *knackendvoll,* der Laden.

    Schlechte Planung. Sowas kommt vom Eilen. Ich *quetschte* mich an der *Schallplattenabteilung vorbei* zu den *Tonbandgeräten.* Nur gut, daß ich genau wußte, was ich wollte. *Koffergerät* mit allem *Drum und Dran. Profiqualität.* Ich kam genau auf 898. Aber bis ich es hatte. Der Verkäufer redete dauernd von *Vierspur* und Frequenz und dann *kassierte* er noch nicht einmal. Schickte mich mit dem *Zettel* zur Kasse. Und da stand natürlich auch schon ein ganzer Haufen. Ich hole mein Scheckheft raus, schreibe im Stehen drauf rum, reiß den Scheck raus, bin endlich dran. Und wie der Scheck hinter dem *Kassenfenster* verschwindet, da *leuchtet* mir doch noch die *Aufschrift entgegen:* BANKHAUS FISCHER.

    Aber der Rudi stand doch bei der AGRAR UND FORSTEN! Mir *klebte* der Kugelschreiber an der Hand *fest:* ich hatte das falsche Scheckheft *erwischt.* Kann sich ja keiner vorstellen, was man da *durchmacht.* Wenn hinter mir nicht so viele gestanden wären, vielleicht wäre ich *umgekippt.* Oder weggerannt. So *schleppte* ich mich nur zum *Packtisch,* schnappte mir den Karton und *wankte* raus, bevor der Kassiererin womöglich doch noch *einfiel,* nach meiner Kreditkarte zu fragen.

    Vor dem Leihhaus wartete der Rudi schon ungeduldig— der hatte ja keine *Ahnung* von *Risiko* und Stress! Und im Leihhaus mußte ich mich dann auch noch *blöd anquatschen* lassen, weil die Quittung vom gleichen Tag war. Als ob das nicht meine Sache wäre, was ich mit meinem Geld anfange. . . . Erzählte ich dann eben eine Geschichte von meiner armen Mutter, die ganze *Monatsrente* wurde *gestohlen* und ich mußte ihr Geld geben. Und dann nur *lumpige* 300. Aber ich war zu k.o. *zum Feilschen.* Sogar *zum Weitermachen.* Obwohl ich mich eigentlich noch bis zu einem *Farbfernseher* hatte raufarbeiten wollen. Fernseher lassen sich am besten *versilbern.* Man hat ja auch genug Mühe mit der *Schlepperei.*

    Draußen zählte Rudi den ganzen *Packen. Sage und schreibe* 1220. Nicht schlecht, finde ich.

    „Rudi'', sage ich, „Wir dürfen nicht *übertreiben.* Am besten wir *lassen's dabei* und fahren in eine andere Stadt.''

    „Genau'', sagt er sofort, „hab ich mir auch schon gedacht.''

Glossary (right margin):

to regret

full to the bursting, bursting at the seams
squeeze past
record section / tape recorder
portable model / with everything / professional quality

four-track / to take the customer's money
piece of paper

cashier's window
to shine toward me, to beckon to me / address, inscription

to stick to
to grab
to go through
to fall over, faint
to drag / wrapping table
to stagger
to occur, to remember

idea / risk
stupidly / to babble at

monthly pension / to steal
lousy
to barter, to bargain / to continue
color television set
to turn into cash
carrying, lugging
pile / lo and behold
to exaggerate
to leave it at that

Und drückt mir einen *Zwanziger* in die Hand. „Als *Fahrgeld.*"   twenty / carfare
Und gibt mir ein Küßchen, setzt sich in das nächste Taxi und
braust ab.   to zoom away

 Boiinggg!

 Also, das hätte ich nicht von Rudi gedacht . . . ehrlich! Ach
so . . . hm, Sie haben wohl nicht zufällig einen Hunderter
übrig, wie?

ÜBUNGEN

A. I. Express in German.

   1. Everything is becoming more and more expensive.
   2. I did not have to buy a pair of boots.
   3. I can prove that I am intelligent.
   4. Whom can you trust in this world?
   5. Lend me some money and I'll give it back to you next week.
   6. First I opened accounts at different banks.
   7. My hand was nervous when I took out my checkbook.
   8. He went to the phone and called my bank.

II. Answer in German.

   1. Wieviel kosteten die Stiefel?
   2. Warum mußte die Erzählerin einen Partner haben?
   3. Warum hat sie an Rudi gedacht?
   4. Was kaufte sie bei ELEKTRO-FEIN?
   5. Was tat der Verkäufer, bevor sie aus dem Laden gehen konnte?
   6. Wieviel Geld bekam sie für das Radio?

III. Rewrite the sentences using the modal auxiliaries in parentheses. Retain the original
tenses of the sentences.

   1. Alles wird immer teuerer. (müssen)
   2. Sie läuft barfuß. (mögen)
   3. Sie arbeitet sehr viel. (müssen)
   4. Ich beweise es Ihnen. (können)
   5. Sie machte es allein. (wollen)
   6. Sie arbeitete mit Rudi zusammen. (sollen)

    7. Rudi gab ihr kein Geld mehr. (dürfen)
    8. Wir fingen mit den neuen Scheckheften an. (können)
    9. Der Verkäufer erzählte ihr alles über das Radio. (sollen)
  10. Er packte ihr das Radio nicht ein. (wollen)

B. I. Express in German.

    1. I gave Rudi a check for 140 marks.
    2. Rudi was still rather nervous when he cashed the checks.
    3. It impresses people when someone is calm.
    4. The camera cost more than the radio.
    5. When the salesman returned, he smiled in a friendly way.
    6. I was happy to be on the street again.
    7. The next thing I bought was a movie camera.
    8. The saleslady placed the watches on a table in front of me.

II. Answer in German.

    1. Was kaufte die Erzählerin als zweites?
    2. Wieviel bekam sie dafür?
    3. Was wollte sie am liebsten mit dem Fotoapparat tun?
    4. Warum ging der Verkäufer im Fotoladen weg?
    5. Warum gefiel es ihr in dem Uhrengeschäft?
    6. Wann wird die Bedienung freundlicher?

III. Rewrite the sentences using the modal auxiliaries in parentheses. Retain the original tenses of the sentences.

    1. Ich habe Rudi eine halbe Stunde Zeit gegeben. (wollen)
    2. Die Schreibmaschine hat nur 80 Mark gebracht. (sollen)
    3. Rudi hatte nur die Schecks eingelöst. (müssen)
    4. Der Verkäufer war nicht gleich zur Bank gegangen. (dürfen)
    5. Die Leute haben einem nervösen Kunden nicht getraut. (können)
    6. Ich habe den Fotoapparat behalten. (wollen)
    7. Sie hatte keinen Film gehabt. (wollen)
    8. Rudi hat ihre wackligen Knie nicht gesehen. (können)
    9. Sie hatte 650 Mark bezahlt. (dürfen)
  10. Sie hat mehr für die Uhr ausgegeben. (müssen)

C. I. Express in German.

    1. I had earned a break and a drink.
    2. I only regretted that I had not given him more time.

3. It was good that I knew exactly what I wanted.
4. Since I was in a hurry, I wrote the check while standing.
5. Rudi had gone to a different bank than the one of my checkbook.
6. I staggered out before they could ask for my credit card.
7. I told a story about my mother's money being stolen.
8. Let's not exaggerate but instead go to another town.

II. Answer in German.

1. Warum brauchte die Erzählerin mehr Zeit, als sie in RADIO-BECKER war?
2. Warum war sie so erschrocken?
3. Wo wartete Rudi auf sie?
4. Welche Geschichte erzählte sie über ihre Mutter?
5. Wieviel Geld hatten sie im ganzen?
6. Was gab ihr Rudi beim Abschied?

III. Rewrite the following sentences in the present tense.

1. Ich wußte genau, was ich wollte.
2. Ich holte mein Scheckheft raus, schrieb im Stehen drauf rum, riß den Scheck raus und kam endlich zur Kasse.
3. Keiner konnte sich vorstellen, was ich durchmachte.
4. Ich erzählte eine Geschichte von meiner Mutter, der ich Geld geben mußte.
5. Wir durften nicht übertreiben und sollten besser in eine andere Stadt fahren.
6. Rudi gab mir schnell einen Kuß und brauste davon.

D. Give the masculine noun corresponding to the verbs below.

EXAMPLE: lesen-der Leser

leihen	rennen
suchen	kleben
einpacken	schleppen
abheben	machen
setzen	zählen

E. Match the antonyms.

zugeben	**1.** der Untergebene
der Chef	**2.** uneben
toll	**3.** bestreiten
knapp	**4.** aufrechtstehen
abheben	**5.** klug

glatt	**6.** schlecht
kahl	**7.** viel
je höher	**8.** aufhören
umkippen	**9.** einzahlen
blöd	**10.** behaart
weitermachen	**11.** je tiefer

F. Determine the nouns from which the following adjectives or adverbs derive. Give the meanings of the nouns.

wahnsinnig	komisch
ehrlich	tatsächlich
stumpfsinnig	handlich

G. Match the words in the left column with their definitions on the right.

der Nullpunkt	**1.** aufmachen
leihen	**2.** gerade, eben
eröffnen	**3.** ein Stück Papier
knapp	**4.** der Anfangspunkt, der Gefrier-
glatt	punkt
die Gelassenheit	**5.** kaum, beinahe nicht
anhaben	**6.** jemand etwas geben auf eine kurze
bedauern	Zeit
der Zettel	**7.** keine Aufregung, ruhig
die Rente	**8.** die Pension, regelmäßiges Ein-
	kommen aus einer Versicherung
	9. leid tun, bereuen
	10. Kleider tragen

ZUR UNTERHALTUNG

Zum Theaterspielen:
1. Die Erzählerin beim Einkauf eines Photoapparats. Der Verkäufer gibt umständliche Erklärungen. Die Käuferin wird nervös. Und da kommt auch noch der Laden-besitzer dazu.
2. Im Uhrengeschäft. Gespräch zwischen Verkäuferin und Kundin, die es eilig hat.

3. Beim Autokauf. Gespräch zwischen Käuferin und Verkäufer über die Vor- und Nachteile gewisser Modelle.
4. In der Bank. Ein neues Konto wird eröffnet. Gespräch zwischen Kunde und Bankier.

Schriftliche Aufgabe: Schreiben Sie einen Brief an Ihren Freund/Freundin, in dem Sie das tolle „Geschäft" erklären, das die Erzählerin und der ehrbare Rudi spielen.

MÖRDER AUF DEM TOTEN GLEIS

FRIEDHELM WERREMEIER

Im Hauptbahnhof von Hannover steht der Transeurop-Express „Blauer Enzian" unter *Strom,* und der Lautsprecher *gibt bekannt,* daß er vor der Weiterfahrt nach Hamburg erst noch den *verspätet eintreffenden* Transeurop-Express „Roland" abwarten muß.

Ein weiblicher *Fahrgast,* eine attraktive Enddreißigerin, *sorgt sich:* „Mein Mann muß ja nicht *unbedingt* wissen, daß ich heute in Hannover war!"

Der Mann, der die Frau zum Zug gebracht hat, sagt *tröstend:* „Vielleicht *holt* er es bis Hamburg wieder *ein!"*

Schließlich wieder der Lautsprecher: „Auf Gleis 15 hat jetzt *Einfahrt* der verspätete Transeurop-Express „Roland" von Mailand nach Bremen. Dieser Zug führt nur die erste Wagenklasse mit *erhöhtem Zuschlag."*

Zehn Minuten—das geht gerade noch, denkt sich der *Zugführer* Erwin Mohr. *Beruhigt* kauft er sich eine Zeitung. Auf der Titelseite die Fotos von zwei Herren ohne *Kragen* und *Krawatte* namens Blei und Bindermann: die *mutmaßlichen* Räuber und Mörder von Ulm, *offenbar* alte Bekannte der deutschen Polizei, da die Fotos schon älter sind.

Dazu die Zeile: „Zwei Familienväter starben im *Kugelhagel* der Gangster!" Und auch noch die *Nachricht,* daß 165 000 Mark mit den Gangstern verschwunden sind.

Alfred Blei und Hans Bindermann, Fahrgäste mit erhöhtem Zuschlag und zur Zeit auch erhöhtem *Pulsschlag,* stehen mit vier schweren Reisetaschen auf der Plattform vor einer Ausgangstür des „Roland" und *starren* in die vorbeifliegenden Lichter von Hannover.

Die Lichter werden langsamer. Leichtes *Quietschen* der *Bremsen,* auch ein *TEE* ist nicht *vollkommen.*

Endlich der Hauptbahnhof.

„Gott sei Dank", sagt Blei, „da drüben steht unser Zug!"

Der Lautsprecher sagt, Reisende nach Hamburg sollen *sich* beim *Übergang* vom „Roland" zum „Blauen Enzian" bitte *beeilen.*

„Nur zu gern!" sagt Alfred Blei *begeistert.*

Er *kriegt mit,* wie eine Tür weiter die vorhin so besorgte Dame von ihrem *Begleiter* einen Fünfzig-Mark-Schein bekommt.

„Wenn ich dir schon keine Blumen schenken darf, Linda . . .", sagt der Mann traurig.

Margin glosses:

- *here:* electrical current / to announce
- delayed
- arriving
- passenger
- to worry / necessarily
- consolingly / *slang:* to make up time
- arrival
- increased / surcharge
- conductor / reassured
- collar
- tie / alleged
- apparently
- shower of bullets
- news
- pulse
- to stare
- squeeking
- brake / Transeurope Express / perfect
- transfer
- to hurry
- enthusiastically
- *slang:* to observe
- companion

„Was soll das?" fragt Linda *verblüfft.*

„Trink ein Glas Champagner auf uns", sagt der Mann, „du hast fast *anderthalb* Stunden Zeit. . . ."

Da küßt sie ihn, und Blei grinst und pfeift durch die Zähne. Ein *Abschied* ist immer etwas Feines, wenn man ihn nicht selbst *erlebt.*

Fast *gleichzeitig* rollen die großen *bunten* Züge dann aus der lauten Halle in den stillen Abend, beide *dünn besetzt,* fast nur mit Männern, der „Blaue Enzian" *immerhin* mit einer Ehefrau auf *Abwegen* und zwei mörderischen Gangstern *samt Beute* an Bord.

Genau elf Minuten Verspätung.

Als Linda Jürgens den *Speisewagen* betritt, sitzen nur zwei Männer an einem Vierertisch, *munter* und lustig vor Bier und *Schnaps.*

Linda wird *gemustert,* ärgert sich leicht, ganz gegen ihre *sonstige Gewohnheit,* und setzt sich *möglichst* weit von den beiden weg.

Oberkellner Giuseppe Verone *steuert* sofort auf sie *zu* und sagt *strahlend* und in perfektem Deutsch: „Guten Abend, *gnädige* Frau. . . ."

Sie *blättert* kurz in der Karte. „Eine halbe Flasche Heidsieck!"

„Sehr gern, gnädige Frau!" sagt er *erfreut.*

Und während er den Champagner aus dem *Kühlschrank* holt, betreten nacheinander Blei und Bindermann sowie zwei Herren, die sich später als die Ärzte Dr. Grasshoff und Dr. Christian zu erkennen geben, den Speisewagen.

Damit sitzen im Speisewagen, gut *verteilt,* insgesamt sieben Fahrgäste. Verone *bedient* sie selbst, weil er *sich langweilt.* Es ist kaum *anzunehmen,* daß bis Hamburg noch *wesentlich* mehr Publikum erscheint.

Zugführer Mohr hat ein Problem mit seinem *Schaffner.* Der Junge sitzt im *Dienstabteil,* atmet schwer und *stöhnt* über seine Kopfschmerzen.

„Immer noch Migräne?" fragt Mohr. „Dann bleib sitzen!" entscheidet Mohr. „Ich mach für dich *die Kontrollen!*" Nur noch schnell ein Blick auf die Zeitung mit den Bildern der beiden Bankräuber: irgendwie *kommt* es ihm *vor,* als ob er sie *irgendwann mal* gesehen hat.

Gerade als Erwin Mohr den Speisewagen betreten will,

---

surprised

one and a half

farewell, departure
to experience

simultaneously / colorful
here: lightly / occupied
after all
going astray / including
loot

dining car
cheerful
hard liquor
to examine
other / custom, habit / as
  possible
head waiter / to steer toward
here: cheerfully, beaming /
  gracious, kind
to turn the pages

delighted
refrigerator

distributed
to serve / to be bored
to assume / considerably

conductor, ticket collector
service department / to groan

ticket check

to seem
sometime

kommt Bindermann ihm *entgegen. Vor Entsetzen* bleibt ihm das Herz fast stehen: das ist der Mann in dem Bild, denkt er sich.

to come toward / terrified

Doppelmörder im Zug!

double murderer

Erwin Mohr läuft zurück ins Dienstabteil, sieht die Zeitung an, geht wieder nach vorn, sieht Blei und den gerade zurückkommenden Bindermann *gemeinsam* beim Bier sitzen, geht *geschäftig* und möglichst *unauffällig* noch einen Wagen weiter nach vorn und *läßt sich* stöhnend auf einen Sitz in einem leeren Abteil *fallen.*

together

busily / unnoticeable

to collapse

Jetzt stöhnt schon das halbe *Zugbegleitpersonal.*

train attendant personnel

Wohin soll das führen, bei über hundert Kilometern in der Stunde?

Die *beschäftigungslose* Zugsekretärin Uschi Leichsenring *malt sich* die *Fingernägel an.*

idle

to paint / fingernail

Mohr *reißt* die Tür *auf,* macht sie schnell wieder zu und sagt zu ihr: „Gib mir sofort die *Kripo* Hamburg!"

to throw open

criminal police

Sie *wählt* die Zentrale, *meldet sich* mit *zitternder* Stimme als „TEE 90" und verlangt das *Polizeipräsidium* Hamburg.

to dial / to report / trembling

police headquarters

Mohr nimmt ihr den Hörer ab. „Bitte die Mordkommission!" sagt er *amtlich.*

officially

„*Ferngespräch?*" sagt *Kiminalhauptmeister* Höffgen zur Polizeizentrale. „Ja, geben Sie . . . Ja, hier Kriminalinspektion 1, . . . wer sind Sie?"

long-distance call / approx.: detective sergeant

Mohr im Zug sagt ihm, wer er ist, aber der *Draht knistert,* und Höffgen kann ihn nicht richtig verstehen.

line / to crackle

„Moment mal!" sagt er und hält die *Sprechmuschel sorgsam* zu.

mouthpiece / carefully

Kommissar Trimmel und die anderen sehen ihn *neugierig* an, wie er *heftig grinst.* „Da ist ein *Verrückter,* Chef, der will uns einen *Enzian* verkaufen."

commissioner / curiously

to grin broadly / insane man

gentian spirit, also a flower

Trimmel nimmt Höffgen *den Hörer* aus der Hand, weil er nichts begreift. „Ja, hier Trimmel . . . was sind Sie? Zugführer? Zugführer Mohr, Mohr wie Mohr, im ‚Blauen Enzian', ach so, Zugführer? Mohr im Zug und der Zug heißt ‚Blauer Enzian', aha . . . und von dort aus rufen Sie an, ja und . . . ?"

telephone receiver

Dann ist *die Leitung* plötzlich knisterfrei, und Mohr aus dem Zug spricht so *überbetont deutlich* und ohne *zu stocken,* daß es jeder im Raum neben Trimmel versteht:

line

excessively / clear / to hesitate

„Herr Kommissar, ich *bin mir* absolut *sicher,* daß in diesem Zug zwei Männer sitzen, die Blei und Bindermann heißen sol-

to be certain

len, die gestern in Ulm bei einem Bankraub 165 000 Mark
erbeutet haben sollen und dabei zwei Menschen *erschossen*
haben sollen ... so steht das *jedenfalls* heute in einer
Zeitung.''

    „Wann kommt Ihr Zug in Hamburg an?'' fragt Trimmel.

    „*Planmäßig* Hauptbahnhof 22 Uhr 34, das heißt ... wir
haben bis jetzt noch ein paar Minuten Verspätung.''

    „Und wo sitzen die Männer?''

    „Zur Zeit im Speisewagen. Ich könnte versuchen, sie *ein-
zusperren.*''

    „*Sie werden den Teufel tun!*'' sagt Trimmel heftig. „Sie
werden nichts tun, was für irgendeinen gefährlich werden
könnte, haben Sie mich verstanden?''

    „Es war laut genug!'' antwortet Mohr.

    „Diese Leitung bleibt *Dauerleitung!*'' entscheidet Trimmel.
„Und Sie sind *gefälligst* immer zu erreichen!''

    Mohr geht auf den *Gang,* sieht sich *unauffällig* wie ein In-
dianer nach beiden Seiten um, sieht zurück ins *Abteil* zur *völlig*
entsetzten Uschi und *befiehlt:* „*Halt die Stellung,* Mädchen,
sonst gibt's hier ein Unglück!''

    Er geht mit festen Schritten zurück zum Speisewagen, etwas
breitbeinig wie Gary Cooper in „High Noon,'' aber nur, um
das leichte *Schlingern* des TEE *auszugleichen,* öffnet die Tür,
tritt ein.

    Sieben Personen sitzen im Speisewagen.

    Am nächsten zur Tür eine Dame mit einer *halbleeren*
Flasche Champagner, die mit leicht *verträumtem* Gesicht an
einer Art Rose aus der Tischdekoration *riecht.*

    „Bitte die Fahrkarten, gnädige Frau!'' sagt Mohr.

    Sie *schrickt zusammen.* „Ach so ... !''

    Die Fahrkarte ist *in Ordnung.*

    Auch bei den Ärzten Grasshoff und Christian.

    Gott sei Dank sind die Fahrkarten bei den *Geschäftsleuten*
Meyerling und Schultheiß nicht ganz in Ordnung.

    Mohr macht ein ernstes Gesicht. „Sie kommen aus Düsseldorf
und wollen nach Hamburg?''

    „Ja, und?'' sagt Meyerling—einer der beiden, die schon
länger, lange vor Hannover, im Speisewagen sitzen.

    „Das ist leider ein kleiner *Umweg*'', sagt Mohr *bedauernd,*
„es kostet etwas mehr, und wenn ich Sie bitten dürfte ...''

    „Wieviel?'' fragt Schultheiß.

Glosses (right margin):

- to steal / to shoot to death
- in any case
- according to schedule
- to lock in
- the devil you will
- permanent line
- if you please
- corridor / inconspicuously
- compartment / completely
- to command / to hold the line
- otherwise there will be a disaster
- legs wide apart
- swaying / to compensate
- half empty
- dreaming
- to smell
- to be startled
- correct, in order
- businessmen
- detour / regrettably

„Ich muß es *ausrechnen*", sagt Mohr, „deshalb, wenn ich Sie bitten dürfte, für einen Moment mit in mein Dienstabteil zu kommen . . ." — to calculate

„Also *ehrlich*", sagt Meyerling, „statt daß Sie froh sind, daß man überhaupt noch mit der *Bundesbahn* . . ." — honestly / (German) National Railways

Dann sieht er plötzlich, daß der Zugführer—mit dem Rücken zu den noch nicht kontrollierten Fahrgästen Bindermann und Blei—ihn starr ansieht, daß die Lippen des Mannes *lautlos* das Wort BITTE formen. — soundlessly

Er begreift nur, daß etwas *im Gange ist,* das er nicht begreift. „Na schön", sagt er, „komm, Oskar, tun wir ihm den Gefallen!" — to be happening

Zu dritt gehen sie—wieder nach hinten, in Richtung Zugsekretariat—aus dem Speisewagen. Mohr *wächst* auf den paar Metern *über sich selbst hinaus.* — to grow beyond his stature

Erstens *gelingt* es ihm, dem Oberkellner Verone *zuzuflüstern,* er möge sofort und unauffällig folgen. — to succeed / to whisper

Zweitens erkennt er an einem *Aktenkoffer* über dem Tisch der beiden schon kontrollierten Herren *das Namensschild* „Dr. E. Grasshoff". — attaché case / name plate

Kriegsrat in Uschis kleinem Raum. „Ist die Polizei gerade dran?" fragt Mohr *hastig.* — war council / hastily

Uschi schüttelt den Kopf.

Dann Mohr zu den Männern: „Hören Sie, die beiden am anderen Ende des Speisewagens sind gefährliche *Schwerverbrecher* . . . *bewaffnet* . . . wir müssen unbedingt unauffällig den Wagen *leerkriegen!*" — criminal / armed / *slang:* to empty out

„Um Himmels willen!" sagt Schultheiß *fassungslos.* — disconcertedly

„Sie gehen jetzt zurück", *ordnet* Mohr *an,* „trinken Ihr Bier und gehen dann in Ruhe wieder raus!" — to order

Zuerst ist Meyerling *widerspenstig:* „Ich denk nicht dran, mich hier . . ." — resistant

„Dann geh ich allein!" sagt Schultheiß.

Aber das will er auch nicht, und so marschieren sie *angstschlotternd* zurück. — trembling with fear

„Mamma mia!" sagt der italienische Oberkellner.

„Die Dame . . . !" *überlegt* Erwin Mohr. — to think, ponder

Giuseppe Verone hat eine Idee. „Das mache ich selbst, Herr Mohr!" sagt er und geht hinter Schultheiß und Meyerling her.

Kriegsrat auch bei Trimmel, ein ziemlich *ratloser* Rat.

„Wissen wir überhaupt, wieviel Leute im Zug sind?" fragt Höffgen.

„Genug *Geiseln* für hundert *Ganoven!*" sagt Trimmel fatalistisch.

Gleich *treffen* fünf Experten der Bundesbahn *ein*, verlangen und erhalten Dauerleitungen, *breiten* Karten und *Streckenpläne aus*. Erhalten Order, den Zug nicht noch zu *beschleunigen*, sondern zu *verlangsamen*.

An fast alles haben sie gedacht, Zugführer Mohr und sein gastronomischer *Helfershelfer* Verone. Vor den beiden *Zugängen* zum Speisewagen stehen zwei weißgekleidete Männer, ein *Kellner* und ein Koch. Der Kellner schickt einen älteren Herrn zurück, der noch schnell einen *Weinbrand* trinken wollte und *sich widerspruchslos fügt*.

Mohr, der gerade vorbeikommt, muß nicht mehr *eingreifen*. *Erleichtert* sieht er, daß Meyerling und Schultheiß eine Mark *Trinkgeld* auf ein Tellerchen gelegt haben und gerade den Speisewagen verlassen. Dann kommt aus dem Lautsprecher eine seltsame *Durchsage*. Uschis Stimme, als *hätte sie nicht alle Tassen im Schrank:*

„Meine Damen und Herren, rechts und links von unserer *Strecke* könnten Sie jetzt, wenn es hell wäre, gerade noch das Uelzener *Moor* sehen, das bekannte Uelzener Moor. In diesem Moor sind vor zweihundert Jahren noch die letzten *Hexen ertränkt* worden, ein *bedeutendes* Moor also, ein besonders bedeutsames Moor . . ."

Blitzartig fällt's ihm *ein: das gilt mir*! Erwin Mohr! Mohr wie Moor . . .

Wer immer mich sprechen will, der muß warten, und wenn's die Polizei wäre . . . ! denkt sich Erwin Mohr. Er ist direkt vor den Tisch von Alfred Blei und Hans Bindermann gekommen.

„Bitte die Fahrkarten!" sagt er, und Blei reicht ihm die grünen Karten mit den hellen Zuschlägen schon hin.

In Ordnung. Natürlich. Denn *Profis* schießen, aber sie fahren nicht ohne Fahrkarten.

Dann *dreht* Erwin Mohr *sich um* und wird *Zeuge* einer *denkwürdigen* Szene, an der er nicht vorbeikommt, selbst wenn er es wollte:

---

perplexed, confused, helpless

hostage / gangster

to arrive
to spread out / railway maps
to accelerate
to slow down

accomplice, assistant
entrance
waiter
brandy
without resistance / to comply

to intervene
relieved
tip

announcement
to be crazy

stretch, section

swamp / witch
to drown / important

suddenly / to occur / that's intended for me

professionals

to turn around / witness
memorable

Giuseppe Verone *schaukelt* mit einem *Kännchen* Kaffee auf einem silbernen *Tablett* auf Linda Jürgens *zu, die selbstvergessen* mit dem leeren Champagnerglas spielt.

„Ihr Kaffee, gnädige Frau!" sagt er.

„Aber ich hab doch gar keinen Kaffee . . ."

Und gleich darauf *schreit* sie schrill *auf,* Mohr und Blei und Bindermann gemeinsam erschrecken sich fast zu Tode: Der Oberkellner hat aber nur das Kännchen Kaffee *zielsicher ausgekippt,* genau auf den *Schoß* des hellen *Kostüms* der Dame!

„Sind Sie *wahnsinnig?*" schreit Linda.

„Ich bin *untröstlich!*" behauptet Verone. „Gnädige Frau, Signora, was kann ich tun, wie konnte das passieren?"

Dabei faßt er Linda Jürgens beim Arm und zieht sie fast *gewaltsam* mit sich in Richtung Küchenraum und *Ausgang.* Eine *reife schauspielerische Leistung,* erkennt Mohr; fast kommen ihm die Tränen unter dem *Geschrei.*

„Entschuldigen Sie mich!" sagt Mohr *knapp* zu Blei und Bindermann. „Ein kleines Unglück."

Sieh an, sie lachen!

Mohr erreicht den Italiener und seine *Beute jenseits* der Plattform zum nächsten Wagen in einem leeren Abteil.

„Wollen Sie lieber Kaffee auf Kostüm oder sterben?" fragt Verone *erregt,* sein gutes Deutsch *läßt vorübergehend zu wünschen übrig.*

„Was . . . was heißt das?" fragt Linda *verstört.*

„Ich habe Kaffee *absichtlich geschüttet* . . . war kalter Kaffee . . . sind Mörder im Speisewagen . . . Sie müssen raus, wenn schießen . . ." Sie ist blaß und entsetzt wie *vorher* schon die anderen.

„Sie brauchen nicht bezahlen . . . *Versicherung* ist gut . . . fahren mit Taxi nach Hause . . . tut mir leid . . . ."

Und sie *schluchzt:* „Mein Mann . . . er weiß nicht . . . ich kann ihm nichts erklären . . . ich versteh das alles nicht . . . ."

Da versteht *wenigstens* Mohr, daß es nicht nur die *Todesangst* ist, die *ihr im Genick sitzt.* „Bleiben Sie ruhig", sagt er sanft, „es wird schon alles gut werden, Frau Jürgens . . . es sind tatsächlich zwei Bankräuber im Speisewagen, und der Herr Verone hatte gar keine andere *Wahl,* als Sie auf diese Weise in Sicherheit . . . ."

Sie schluchzt und *nickt* zugleich.

---

to stagger / small pot
tray / to be lost in thought

to scream out

sure of his target
to pour out / lap / suit (ladies)

insane

disconsolate, terribly sorry

with force / exit
mature / dramatic /
   accomplishment
scream

briefly

slang: look there

prey / on the other side

excited / to be lacking /
   temporarily

upset

intentionally / to spill

previously

insurance

to sob

at least / deadly fear
slang: weighing her down

choice

to nod

„Gehen Sie dann bitte noch weiter nach hinten, es kann und wird Ihnen nichts passieren . . .''

Irgendwie hat er das Gefühl, daß er das alles *angezettelt* hat und nicht die Bankräuber von Ulm. *slang:* to cause

Wenigstens einer der Bankräuber von Ulm wird in diesen Minuten *unruhig,* so sorgfältig Mohr und Veronese das alles auch gemacht haben, und er sagt das auch: restless

„Also, ich bin so was von unruhig . . . !'' sagt Alfred Blei. „Ich hab das Gefühl, ich krieg *Läuse* . . .'' louse

Er *kratzt sich* den Kopf und trinkt Bier aus der Flasche, obgleich das Glas danebensteht. Er überlegt, bis es ihm einfällt—bis er dann plötzlich den Grund für seine Unruhe gefunden hat, der Wahrheit sehr nahe gekommen ist: to scratch

„Ich weiß jetzt, wo sie uns erkannt haben können . . . als wir die Zigaretten . . .''

„Na, und wenn schon!'' sagt Bindermann hell und *großkotzig.* arrogant

„Wir sind beide *vorbestraft,* in Bruchsal waren wir auch lange zusammen . . . wenn da einer der Zigarettenfrau eines von unseren Bildern zeigt . . .'' previously convicted

Blei steht auf. „Ich geh mal durch den Zug *gucken* . . . und überhaupt . . . bin gleich wieder da!'' *slang:* to look

Als er den Wagen verläßt, fällt dem *aufpassenden* Kellner überhaupt nichts mehr ein. *here:* watching

„Na, Spaghetti'', sagt Blei, „hast du Langeweile?''

„Ich bin kein Spaghetti!'' sagt der Kellner *empört.* Tatsächlich ist er Jugoslawe und schon seit Jahren in Deutschland. indignant

Innen, im Wagen, sieht sich Bindermann vorsichtig um, registriert, daß außer ihm nur noch zwei Männer herumsitzen, nimmt dann eine Pistole aus der Tasche, legt sie auf den Tisch und *verdeckt* sie mit zwei Speisekarten. to cover

„Warum haben Sie mich rufen lassen?'' fragt Mohr, als er wieder ins Zugsekretariat kommt. Im gleichen *Atemzug* sagt er: „Rufen Sie mal ganz schnell einen Dr. Grasshoff mit Geschäftsfreund aus, die Herren werden hier dringend *am Telefon verlangt* . . . seit wann gibt es übrigens in Uelzen ein Moor?'' breath / to call to the phone

Aber Uschi *hält* ihm erst mal nur den Hörer *hin.* „Polizei'', flüstert sie, „die machen mich hier wahnsinnig, weil ich Sie . . .'' to reach, extend toward

„Hier Mohr!'' sagt er.

„Mann'', donnert Trimmel, „wo *stecken* Sie denn die ganze Zeit?'' *slang:* to hide

„Hier im Zug", sagt Mohr, „wo sonst?"

„Also, *passen* Sie *auf.* Wir sind hier *startbereit* zum Haupt-bahnhof, die *Bahnpolizei weiß* auch schon *Bescheid.* Sie fah-ren ein, als wär überhaupt nichts . . . ganz gewöhnlich wie sonst . . . Sie kümmern sich überhaupt um nichts . . . wir lassen die beiden schon nicht mehr aus den Augen, wenn sie *aus-steigen.*"

to pay attention / ready to start
railroad police / to be informed

to get off

„Herr Kommissar", sagt Mohr *tapfer,* „ich weiß wirklich nicht, warum das nicht anders gehen soll . . . die beiden sitzen inzwischen fast völlig allein im Speisewagen, außer ihnen nur noch zwei Männer, die kriegen wir auch noch raus, und was dann noch . . ."

bravely

Trimmel *stockt* fast *der Atem.* „Haben Sie das gemacht?"

to be unable to breathe

„Ja, aber . . ."

„Und was machen Sie, wenn die beiden jetzt zahlen und einfach rausgehen?"

„Dann *verzögern* wir es mit dem *Wechselgeld,* der Ober-kellner weiß auch Bescheid und spielt mit . . ."

to delay / change

„Aufhören!" schreit Trimmel. „Sofort aufhören mit Ihrem privaten Spiel! Das kann niemand *verantworten,* das hab ich Ihnen schon vor einer Stunde gesagt."

to answer for

Plötzlich merkt er, daß er völlig *unnütz* schreit.

unnecessarily, uselessly

„Hallo, Hallo?" Völlig hilflos. „Hallo?"

Die Leitung ist tot.

Blei ist plötzlich im Türrahmen erschienen, während Mohr noch telefonierte. Uschi hat blitzschnell auf die *Gabel gedrückt,* ohne *Rücksicht* auf den *wütenden* Mohr und die wütende Po-lizei—und Blei öffnet die Abteiltür.

to press down the hook
concern / to rage

„Kann ich auch mal telefonieren?" fragt der Gangster.

„Das geht im Moment nicht!" sagt Uschi und *deutet* auf den Hörer. „Wir versuchen es schon seit ewig, wegen unserer Verspätung, aber wir kommen nicht durch."

to point

Sie lächelt ihm zu und sagt: „Sind Sie sehr böse, Herr . . . wenn ich Sie bitte, sich bis Hamburg zu *gedulden?*"

to wait

Blei überlegt, wie es scheint. Dann nickt er. „Na gut . . . ich könnte schon warten . . . ziemlich leerer Zug, was? . . . wie wär's, wenn die Dame uns ein bißchen *Gesellschaft leistet?*"

to keep company

Uschi wird blaß.

„ Das . . . das . . . Sie *sind im Dienst,* Fräulein Leichsenring, das geht nicht . . ." *stammelt* Mohr.

to be on duty
to stammer

„Ach, Gott!" sagt Blei *verächtlich.*

scornfully

Aber plötzlich entwickelt auch Uschi *geradezu heldenhafte*   almost / heroic
Eigenschaften. „Gott ja", sagt sie, „Dienst! Der Zug ist halb-   characteristics
voll, Herr Mohr, das Telefon ist nicht ganz in Ordnung . . .
warum sollte ich nicht *ausnahmsweise* mal einen Sherry trin-   as an exception, for once
ken?"

„Sie müssen es noch mal mit dem Telefon versuchen", sagt
Mohr.

„Alles klar!" entscheidet Uschi. Sie nimmt den Telefonhörer
und wählt die Nummer der *Vermittlung.* Zu Blei sagt sie: telephone operator
„Wollen Sie nicht schon *vorgehen?* Ich komm dann gleich   to go ahead
nach . . ."

Blei läßt sich auf den Sitz fallen. „So *eilig* ist das ja nicht . . ."   hurried

Dann ist Trimmel am Apparat und schreit so laut, daß man
es fast im ganzen Sekretariat hört:

„Was *bilden* Sie *sich ein,* sind Sie wahnsinnig geworden,   to imagine
wissen Sie nicht, wen Sie vor sich haben . . . ?"

Sie *schneidet* ihm abrupt das Wort *ab*—und er begreift,   to cut off
Gott sei Dank, er begreift sofort, was das soll und was sie ihm
sagen will:

„Hören Sie mal, Herr Kollege, ich habe unter dieser
schlechten *Verbindung* genauso zu leiden wie Sie. Bleiben Sie   connection
jetzt bitte so lange am Apparat, bis Sie die Verbindung mit der
Direktion kriegen . . . ich oder der Zugführer wird hier *ständig*   constantly
am Telefon bleiben, verstanden?"

„Verstanden!" sagt Trimmel atemlos.

Kein Wort mehr.

Uschi fragt Mohr: „Wen sollte ich ausrufen?"

„Dr. Grasshoff mit Geschäftsfreund . . ."

Trimmel *hört mit,* wie sie Dr. Grasshoff und den anderen   to listen in
Herrn zum Sekretariat bittet.

„Mein Name ist Leichsenring!" sagt Uschi *überdeutlich* zu   very clearly
Blei. „Wollen wir jetzt gehen?"

„Blei!" sagt er tatsächlich; ein Gangster von Welt, und zur
Sicherheit wiederholt sie: „Wollen wir jetzt gehen, Herr Blei?"

Trimmel hat es mitgehört, hört auch noch die Abteiltür, die
geöffnet wird und *krachend* bis zum *Anschlag* aufgerissen wird,   cracking / door frame
zählt dann zwei und zwei zusammen und weiß, was passiert
ist.

Die *Geiselnahme:* Was anderes kann es nicht sein, denkt   taking of hostage
er sich.

Damit ist die *Entscheidung gefallen:* der „Blaue Enzian"   the decision has been made

kann und wird nicht in den Hauptbahnhof einlaufen! Eine
Geiselübergabe und alles, was damit *zusammenhängen* kann
. . . im Hauptbahnhof, nicht auszudenken!

release, transfer of hostage
to be connected with

Zum vierten- oder fünftenmal hintereinander bekommt der
Zug ein rotes Signal; jetzt macht die Verspätung schon fast
eine halbe Stunde aus.

Bindermann weiß überhaupt nicht mehr, was er von der
Lage zu halten hat: seit die beiden weiter vorn ausgerufen
wurden und gegangen sind, ist er völlig allein im Speisewagen.
Nur der Oberkellner *lungert* noch im Hintergrund *herum.* Vorsichtig *schiebt* Bindermann eine der beiden Speisekarten über
der Pistole etwas beiseite.

to loiter around
push

Und dann *atmet er auf.* Blei kommt in den Wagen, fröhlich
grinsend, Blei mit einem netten Mädchen! Blei kommt auf ihn
zu, und Bindermann kann die Pistole gerade noch *geschickt*
in der *Hosentasche* verschwinden lassen, als er aufsteht.

to breathe out, be relieved

skillfully
pant pocket

„Darf ich bekanntmachen", sagt Blei, „mein Freund Helmut, Fräulein Uschi vom *Schreibabteil* . . ."

correspondence compartment

„*Angenehm!*" sagt Bindermann—Hans Bindermann und
nicht Helmut.

pleased (to meet you)

Verone kommt näher, und sie sagt: „Kann ich noch einen
Sherry haben?"

„Sofort!" sagt Verone. „Die Herren auch noch?"

„Zwei Bier!" sagt Helmut alias Hans. „Sind Sie hier Tele-
fonistin?"

„Zugsekretärin!" sagt Uschi.

„Oh, pardon." *Er lacht sich halbtot.*

to die laughing

Sobald Verone die *Getränke* gebracht hat, flirten sie *munter,* ein bißchen *übertrieben,* und Uschi flirtet *offenbar* heftig
mit.

drinks / merrily, cheerfully
exaggerated / apparently

Der Experte der Bundesbahn beugt sich über die komplizierte Gleiskarte. „Hier kommt er über die Freihafenbrücke.
Dort würde er sonst *abbiegen* zum Hauptbahnhof. Stattdessen
fährt er *geradeaus* auf das tote Gleis, da ist zu dieser Zeit kein
Mensch."

to turn
straight ahead

Mohr *verriegelt* mit einem *Vierkantschlüssel* die Türen
zwischen dem ersten und zweiten Wagen hinter dem Speisewagen. Dann betritt er den Speisewagen, geht *geschäftsmäßig*
durch bis zum anderen Ende, ruft dabei: „Nächste Station
Hamburg Hauptbahnhof! *Reisende,* die hier aussteigen wollen, bitte *fertigmachen.*"

to lock / square-sided key

businesslike

traveler
to get ready

Er hat es laut genug gesagt, um sich in einem völlig *über-füllten* Speisewagen verständlich zu machen. Dabei sind aber nur noch Blei und Bindermann anwesend—und Uschi und Verone und ganz zuletzt auch er selbst.

crowded

Er *reckt sich* am Ende des Wagens *hoch* und schließt die automatische Tür von innen ab. Dazu muß er mit seinem Vierkantschlüssel zweimal einen vierkantigen Metallblock drehen. Wenn ihn dabei einer sehen würde!

to stretch out

Es sieht ihn niemand.

Er geht zurück, bleibt vor dem Tisch mit Blei, Bindermann und Uschi stehen und sagt *friedlich:* „Fräulein Leichsenring, Sie müssen aber jetzt Ihre *Abrechnung machen.*''

peacefully
to balance the books

„Ja, sicher'', sagt Uschi, „ich wollte ja auch schon . . .''

Sie steht auf und geht ein paar Schritte *in Richtung* hinterer Ausgang–vielleicht ein paar zu hastige Schritte, denn sofort ist Blei bei ihr: „Langsam, Fräulein, so eilig ist es ja auch wieder nicht.''

in the direction

„Vielen Dank für den Drink, die Herren!'' sagt Uschi.

Auch Bindermann ist aufgestanden, und von vorn kommt Verone zu Hilfe:

„Signor, *prego* . . . bitte *belästigen* Sie keine Gäste unseres . . .''

please *(Italian)* / to bother, annoy

Warum schießen sie nicht? denkt Mohr *verzweifelt.* Was soll diese *alberne Zeitlupe?*

despairingly

silly / slow motion

„Bitte'', hört er sich sagen, „wir sind gleich in Hamburg, machen Sie doch keinen Ärger.''

Es gelingt ihm tatsächlich, Uschi und Verone so *abzu-decken,* daß die beiden bis zur Tür kommen und die Tür sogar öffnen können.

to cover

Er selbst geht *rückwärts* zur Tür, erreicht den *schmalen* Gang neben der Küche.

backwards / narrow

Aber dann—endlich, denkt Mohr, ich *hatte* doch *recht!*—sieht er in die Pistole in der Hand von Alfred Blei!

to be correct

Auch Bindermann hält jetzt eine Pistole in der Hand. Er steht in der Nähe seines Tisches, unter dem die Taschen stehen, die Superbeute, für jeden zwei.

„Kein Schritt weiter!'' sagt Blei. Er kommt immer näher zu Mohr heran. Alfred Blei schießt am liebsten links, und von links kommt jetzt plötzlich ein schwarzes Ding auf seine linke Hand *gesaust,* irgendein *Eisending* aus der Küche. Er schreit auf und läßt die Pistole fallen. Dann *bückt er sich,* greift hinter der Pistole her, und kommt mit dem Gesicht direkt in einen *Tritt* aus der Küche!

to rush, *here:* to crash / iron object
to bend down

here: kick

Er *richtet sich* schreiend *auf,* nimmt die Hände vors Gesicht,   to straighten up
auch die kaputte linke Hand—und Bindermann von hinten
schreit, weil er nicht schießen kann, weil ihm Blei direkt vor
der *Mündung* steht.   mouth (of a gun)

Mohr ist draußen. Dann *schlägt er der Länge nach hin,* weil   to fall flat
ihn der aus der Küche kommende Kellner *über den Haufen*   to knock down
gerannt hat.

Auch der Kellner ist draußen.

Der Kellner, der Jugoslawe ist und eben doch kein Spa-
ghetti . . . *Zischend* schließt sich die Tür, als Verone endlich   hissing
den Fuß wegnimmt, der die Tür bis jetzt offen gehalten hatte.

Mohr reckt sich hoch, um den vierkantigen Metallblock der
Verriegelung zu erreichen—*Sekundenbruchteile,* bevor Bin-   fractions of a second
dermann den *Türgriff* in die Hand bekommt.   door handle

Eine ideale *Zielscheibe* hinter Glas: target

Kugelsicher?   bulletproof

Auf einen knappen Meter Distanz schießt Bindermann, aber
nicht auf das Glas, sondern—von innen—auf die Tür-
verriegelung.

Einmal, zweimal, fünfmal. Ein *Lärm* wie im Krieg.   noise

Aber die Verriegelung hält stand.

Und inzwischen hat Erwin Mohr auch die zweite Tür
zwischen den beiden Wagen vierkantig verschlossen.

Die Räuber versuchen jetzt, die *Scheibe einzuschlagen.*   glass / to break

„Wir sitzen in der *Falle,* Freddy!" *jammert* Bindermann alle   trap / to lament, complain
zehn Sekunden.

Das Glas springt, aber es *splittert* nicht.   to shatter

Aber selbst wenn es splittern würde, dahinter ist noch eine
Tür, und hinter der zweiten Tür steht der Zugführer mit der
einzigen Waffe, die er *auftreiben* konnte: einem *Feuerlöscher.*   to find / fire extinguisher

Der Zug erreicht die *Kette* der zu beiden Seiten am toten   chain
Gleis aufgestellten Polizisten und fährt jetzt so langsam, daß
man nichts mehr hören kann außer dem *prasselnden* Regen.   to patter, fall (rain)

Dann hört man *Schüsse.*   shot

Blei hat Bindermann nicht mehr gehindert, als er ein neues
Magazin *einschob.*   to insert

Bindermann *knallt* es bis auf die *letzte Patrone* in die Geld-   to blast / cartridge
taschen unter dem Tisch:

So *grausam* und hoffnungslos ist die Falle von Erwin Mohr,   cruel
wenn sie erst einmal *zugeschlagen* ist.   to close

Die Außentüren öffnen sich.

Trimmel und seine Leute *stürmen* den Wagen mit dem Schreibabteil. — to storm

Dann die Durchsage: „Achtung, Achtung, hier spricht die Polizei! Diese Durchsage *gilt* für Herrn Bindermann und für Herrn Blei im Speisewagen. Der Wagen ist *abgeriegelt* und der Zug *umstellt*. Bitte werfen Sie jetzt die Waffen weg und *ergeben* Sie *sich* den Polizeibeamten, die jetzt in den Speisewagen kommen." — to apply / sealed / to surround / to surrender

Noch einmal richtet Erwin Mohr sich zu seiner ganzen Größe auf und *schließt* nacheinander mit dem Vierkantschlüssel die beiden Türen zum Speisewagen *auf*. — to unlock

Blei und Bindermann haben die Hände über den Kopf genommen, und zwei Meter vor ihnen liegen die Waffen auf dem Boden, deutlich *sichtbar*. — visible

Sie steigen aus, anders, als sie es *sich vorgestellt* haben: *gefesselt*, dazu noch einzeln und jeder zwischen zwei Männern. — to imagine / to handcuff

Dann macht sich Trimmel mit Mohr bekannt. *Ihm ist Trimmel böse*, ihm allein, nicht einmal Blei und Bindermann. — Trimmel is angry with him

Der „Blaue Enzian" *setzt* inzwischen vorsichtig *zurück* und fährt dann mit letzter Kraft die paar hundert Meter in Richtung Hauptbahnhof. — to back up

Trimmel fährt mit, und Erwin Mohr *spürt*, wie er ihn *schräg* von hinten *fixiert*. — to sense, feel / at an angle, oblique / to stare

Mohr hat Angst wie noch nie in seinem Leben, nicht einmal in der letzten Stunde.

Denn kann er wissen, daß Trimmels *Wut* in diesem elektrischen Zug bereits jetzt schon *verflossen* ist—daß er der einzige sein wird, dem Trimmel bei der *Vernehmung* mit Sicherheit einen *Korn anbieten* wird? — rage / to ebb, subside / interrogation / alcoholic drink / to offer

ÜBUNGEN

A. I. Express in German.

1. The loudspeaker announces that the train has to wait.
2. A woman passenger is worried that her husband will know where she was today.
3. Erwin Mohr looks at the murderers' pictures on the front page of the newspaper.
4. The gangsters disappeared with a large amount of money.

5. The travelers have to hurry when transferring to the other train.
6. The worried lady receives some money to buy a bottle of champagne.
7. Only two men are sitting in the dining car when Linda enters.
8. When the head waiter comes, she orders half a bottle of champagne.
9. Conductor Mohr recognizes Bindermann and his heart almost stops.
10. Mohr goes through the dining car to the next car in front.

II.   Answer in German.

1. Warum muß der „Blaue Enzian" in Hannover warten?
2. Woher kommt der TEE „Roland"?
3. Was kauft sich Zugführer Mohr?
4. Wie weiß man, daß die Bankräuber alte Bekannte der Polizei sind?
5. Was soll sich Linda mit dem Geld kaufen?
6. Wieviele Leute sitzen im Speisewagen, als Linda ihn betritt?
7. Warum ist es bemerkenswert, daß der Oberkellner perfektes Deutsch spricht?
8. Warum macht der Zugführer selbst die Kontrolle?
9. Warum bleibt dem Zugführer das Herz fast stehen?
10. Wie schnell fährt der „Blaue Enzian"?

III.   Find the word in the left column that is most related to the word in the right column.

der Fahrgast	**1.** trösten
das Gleis	**2.** vermutlich
beruhigen	**3.** erfahren
mutmaßlich	**4.** zusammen
sich beeilen	**5.** der Kellner
erleben	**6.** schlank
dünn	**7.** bedeutend
wesentlich	**8.** der Bahnsteig
bedienen	**9.** der Passagier
gemeinsam	**10.** schnell gehen

B. I.   Express in German.

1. When Mohr opens the door, Uschi is painting her fingernails.
2. Trimmel takes the receiver from Höffgen.
3. Mohr speaks clearly and without hesitation.
4. Trimmel orders him to do nothing that might endanger anyone.
5. When Mohr goes back to the dining car, he sees that all seven people are still there.
6. The businessmen's tickets are not totally correct.
7. When they hear that criminals are in the dining car, they do not want to return.
8. Verone has an idea how to get the lady out of the dining car.

9. A waiter and a cook are standing in front of both entrances.
10. Uschi makes a strange announcement over the loudspeakers.
11. There is nothing wrong with the gangsters' tickets.
12. Verone spills a pot of coffee over the lady's suit.

II. Answer in German.

1. Mit wem wollte Mohr am Telefon sprechen?
2. Warum kann Herr Höffgen Mohr nicht gut verstehen?
3. Was hält Trimmel von Mohrs Plan, die Räuber im Speisewagen einzusperren?
4. Wieviele Leute sitzen im Speisewagen, als Mohr zurückkommt?
5. Warum müssen die Geschäftsleute mit Mohr ins Dienstabteil gehen?
6. Was flüstert Mohr dem Oberkellner zu?
7. Warum hat Herr Meyerling Angst, in den Speisewagen zurückzugehen?
8. Wer steht vor den beiden Zugängen zum Speisewagen?
9. Wie ruft Uschi Herrn Mohr zum Telefon zurück?
10. Was tut Verone, um Linda Jürgens aus dem Speisewagen zu bringen?

III. Determine the nouns from which the following adjectives or adverbs derive.

1. amtlich
2. neugierig
3. sorgsam
4. ehrlich
5. verträumt
6. lautlos

7. fassungslos
8. ratlos
9. widerspruchslos
10. blitzartig
11. wahnsinnig
12. gewaltsam

C. I. Express in German.

1. Then Verone takes Linda by the arm and pulls her to the exit.
2. Her greatest fear is that her husband will find out where she was.
3. Somehow Mohr has the feeling that he is the cause of all this.
4. One of the robbers now becomes restless.
5. He gets up and leaves the car for a look around.
6. The waiter is not an Italian but a Yugoslav.
7. When Bindermann sees that almost everyone is gone from the dining car, he takes out his pistol.
8. Trimmel is on the line and wants to speak with Mohr.
9. Trimmel orders Mohr to stop trying to get everyone out of the dining car.
10. When Blei appears in the doorway, Uschi interrupts the call.
11. Blei asks if he can call, but he is asked to wait until Hamburg.
12. Blei sits down and waits until Uschi is finished.
13. Trimmel hears Blei's name when the gangster introduces himself.

II.   Answer in German.

   1.   Was dachten die Gangster über Verones Unfall?
   2.   Warum hat Linda nicht nur vor den Mördern Angst?
   3.   Was sagt Blei zu dem Kellner, als er den Speisewagen verläßt?
   4.   Was legt Bindermann auf den Tisch, als er allein am Tisch sitzt?
   5.   Warum ist die Telefonleitung plötzlich tot?
   6.   Warum soll Uschi zuerst nicht mit Blei gehen?
   7.   Warum will Blei nicht vorgehen?
   8.   Was begreift Trimmel sofort?
   9.   Wer wird zum Sekretariat gebeten?
  10.   Welchen Namen benutzt Blei, als er sich vorstellt?

III.   Match the antonyms.

jenseits	**1.** einsteigen
erregt	**2.** bescheiden
schluchzen	**3.** diesseits
wenigstens	**4.** ruhig
großkotzig	**5.** feig
verdecken	**6.** Feierabend haben
aussteigen	**7.** meistens
tapfer	**8.** aufdecken
im Dienst sein	**9.** verbinden
abschneiden	**10.** lachen

D. I.   Express in German.

   1.   Bindermann does not know what he should think of the situation.
   2.   He is relieved when he sees Blei come back with a nice girl.
   3.   Uschi orders a glass of sherry and the men order another beer.
   4.   Mohr announces loudly that the next station is Hamburg's main station.
   5.   When Uschi moves away from the table, she walks a little too quickly.
   6.   Blei comes toward Mohr with a pistol in his hand.
   7.   Something hits his hand, and he drops his gun.

II.   Answer in German.

   1.   Warum ist Bindermann im Speisewagen so nervös?
   2.   Was läßt Bindermann in der Hosentasche verschwinden, als er aufsteht?
   3.   Was bestellen die beiden Herren?
   4.   Wohin wird der „Blaue Enzian" geleitet?

5. Was ruft Mohr aus, als er durch den Speisewagen geht?
6. Was muß Uschi vor der Endstation tun?
7. Wofür bedankt sie sich?
8. Was sieht Mohr endlich in Bleis Hand?
9. Warum läßt Blei seine Pistole fallen?
10. Warum kann Bindermann von hinten nicht schießen?

III. Find the nouns that are derived from each of the following verbs. Give the meaning.

EXAMPLE: reden—die Rede

atmen	der _____
übertreiben	die _____
verriegeln	die _____
reisen (two words)	der _____
	die _____
belästigen	die _____
richten	die _____
verzweifeln	die _____
treten	der _____
abdecken	die _____

E. I. Express in German

1. The waiter comes running from the kitchen and knocks Mohr down.
2. Bindermann does not shoot through the window but at the door lock.
3. The robbers try to break the glass.
4. In desperation Bindermann shoots his pistol into the bags with the money.
5. The gangsters throw their guns to the floor and raise their hands over their heads.
6. Trimmel is even angrier with Mohr than with the robbers.

II. Answer in German.

1. Auf was schießt Bindermann?
2. Was versuchen die Räuber jetzt zu tun?
3. Welche Waffe hält Mohr in der Hand, als er hinter der zweiten Tür wartet?
4. Was für eine Kette steht zu beiden Seiten am Gleis?
5. Woher kommen die Schüsse, die man jetzt hört?
6. Welche Durchsage hören die Räuber im Speisewagen?
7. Warum ist Trimmel dem Zugführer Mohr böse?
8. Was wird Trimmel dem Zugführer bei der Vernehmung anbieten?

III. Find the word in the left column that is most related to the word in the right column.

die Scheibe	**1.** sich in Gefangenschaft begeben
die Falle	**2.** der Ärger
der Türgriff	**3.** fühlen
einschlagen	**4.** die Türklinke
sich ergeben	**5.** rücksichtslos, sehr hart
grausam	**6.** durchbrechen
aufschließen	**7.** der Tierfang
zurücksetzen	**8.** mit Schlüssel öffnen
spüren	**9.** das Glas
die Wut	**10.** zurückfahren

ZUR UNTERHALTUNG

Schriftliche Aufgabe: Schreiben Sie einen Zeitungsbericht über Zugführer Mohrs heldenhafte Tat.

Debatte: Mohrs Handlung hat das Leben aller Passagiere gefährdet, doch hat er die Mörder gefaßt. Die Klasse debattiert das Für und Wider von Mohrs Handlung.

Dialog: Mohr erzählt seiner Frau, wie er zum Helden wurde.

Dialog: Inspektor Trimmel muß seinem Chef erklären, wie die Mörder gefangen wurden.

RUMMELPLATZROMANZE

HANSJÖRG MARTIN

Zwei gute Tage lagen hinter mir. Ich hatte in der *mittelgroßen* [medium-sized]
Kleinstadt *weit über Erwarten gut* verkauft, hatte schon stolz [much better than expected]
mit meiner Firma telefoniert und *angekündigt,* daß da ein paar [to announce]
dicke *Aufträge* kommen würden—man möge bitte für prompte [orders]
Lieferung Sorgen tragen .... Vor allem der neue *Hunde-* [delivery / to provide for]
kuchen in *Kalbsknochenform* schien *gut anzukommen.* Nicht [dog biscuits / calf-bone shape / to be well received]
nur die beiden *Zoohandlungen,* auch alle Drogisten des Ortes [pet shops]
hatten davon *bestellt.* [to order]

Kurzum: Ich hatte, wie man das *neuerdings* nennt, ein *Er-* [in short / lately / success]
folgserlebnis hinter mir und fühlte mich *entsprechend.* In dieser [experience / accordingly]
Stimmung beschloß ich, noch einen Tag *dranzuhängen,* schön [mood / slang: to add]
lange zu schlafen, den Vormittag ein bißchen *rumzubummeln* [slang: to stroll around]
und mal an was anderes zu denken. Auf gut deutsch, ich
beschloß, faul zu sein.

Das schien mir besonders *verlockend,* weil das Hotelzim- [tempting, appealing]
mer—ja, das ganze Hotel—bequem, hübsch und *preiswert* [reasonably priced]
war. Auch das Essen war *ausgezeichnet,* und das Städtchen, [excellent]
das ich vorher nicht gekannt hatte, war wie man es sonst nur
im Fernsehen *zu sehen kriegt.* [to get to see]

Wenn man so unterwegs ist, *bildet* man *sich* ja immer [to imagine]
wieder *ein,* das ganz, ganz große *Abenteuer* zu erleben oder [adventure]
die Frau des Jahres, wenn nicht gar des *Jahrzehnts,* zu finden. [decade]
Na ja; in *neuneinhalb* von zehn *Fällen* wird nichts daraus. Aber [nine and a half / case, instance]
gerade hier, zwischen den alten Häusern, in den Sträßchen
und *Gäßchen,* hier roch es ja geradezu nach Romantik, nach [narrow street]
Liebesgeflüster und alldem, wonach sich solche Großstädter [romantic whispering]
wie ich immer heimlich *sehnen.* Es war—es scheint mir wichtig, [to long for]
dies zu *erwähnen*—es war übrigens Mai. [to mention]

Ich *schlenderte* durch die Gassen, *geriet* auf den Marktplatz, [to stroll / to arrive at]
stellte fest, falls sich wieder mal nichts *ergeben* sollte, daß ich [to determine / in case / to result, turn up]
immer noch ins Kino *flüchten* konnte, wo sie einen Western [to flee]
spielten, den ich noch nicht kannte. Dann hörte ich irgend-
woher *Drehorgelmusik.* Ich ging den *Klängen* nach und stand [music from a barrel organ / sound]
plötzlich auf einer *Wiese,* auf der *Jahrmarkt, Kirchweih statt-* [field, meadow / fair / parish fair]
fand. Alles war auf der Wiese *aufgebaut,* und in dem *Lärm* [to take place / to erect / noise]
und durch die *Gerüche drängelten* und *schubsten* sich die [smell / to push and shove]
Mädchen und Jungen, schoben sich die Väter, Mütter, Großväter
und Großmütter des Städtchens.

Ich *fädelte* mich in den *Strom* ein, ließ mich schieben und [to join in / stream]
schubsen, landete schließlich bei den *Autoscootern,* die von [bumper car]
meist sehr jungen Leuten *umlagert* und von einer *irrsinnig* [to surround / extremely loud]
lauten, kreischenden Rockmusik *umdröhnt* wurden. [to screech / to envelop in sound]

Obschon ich an fünf bis sechs Tagen jeder Woche im Auto unterwegs bin, manchen Monat 2000, 3000 Kilometer hinter dem *Lenkrad* sitze und *mich* über Autobahnen, *Fernverkehrsstraßen* und Landstraßen erster bis letzter *Ordnung quäle, reizen* mich die kleinen, runden, rundum *gummireifengepolsterten* Wägelchen immer wieder. Auch diesmal konnte ich nicht *widerstehen* und *kletterte* in so ein *Gefährt,* zahlte dem *schmuddeligen,* langhaarigen jungen Mann, der sich beim *Kassieren tarzangleich* von Fahrzeug zu Fahrzeug *schwang,* gleich zehn *Touren* im voraus und *ratterte,* als der *Strom eingeschaltet* wurde, *los.*

Das Mädchen sah ich schon während der ersten Runde. Es hatte einen Superminirock an und eine sehr lustige, *buntgeblümte* Bluse. *Strümpfe* trug das Mädchen nicht. Die *schmalen,* braungebrannten Beine waren *von gerade so vollendeter Form,* daß einem *der Atem stockte,* wenn man zweimal hinsah. Ich sah dreimal hin, verlor dadurch *völlig* die *Übersicht,* wurde von mehreren Seiten *gleichzeitig angefahren,* so daß mein *Rücken* und *Brustkorb* in allen *Fugen knackten,* und hatte große *Mühe,* mit meinem Scooter wieder *in Gang zu kommen.* Ich fuhr langsam wie ein *Rentner* am *äußersten Rand* der *rechteckigen Fahrbahn* entlang und ließ meine *Blicke* über das *Traumwesen* laufen, wie einer seine *Jagdhunde* über die *Heide* laufen läßt—wenn Sie verstehen, was ich meine.

Nun wurde ich schon wieder von allen Seiten angefahren und abermals kriegte ich mein kleines Fahrzeug nur *mühsam* in die Reihe. Diesmal hatte das Mädchen *gemerkt,* wie fasziniert ich *es angeschaut* hatte und in welche *Bedrängnis* ich dadurch gekommen war. Ein Lächeln spielte um seine Lippen—also, Lippen . . . Na! Das Zauberwesen, das auf diesen Rummelplatz paßte wie ein Goldfisch in einen *Sardinenschwarm,* warf den zauberhaften Kopf zurück und mir aus den Zauberaugen einen Zauberblick zu und ließ die langen schwarzen *Zauberinnenlocken* fliegen. Was mich am meisten über das Mädchen wunderte, war die völlig unverständliche Tatsache, daß kein *Verehrer* den Arm um ihre *Schultern* legte, keiner ihr die Hand hielt, niemand seine *Wangen* an der ihren *rieb;* weit und breit kein Mann oder *Jüngling bemühte sich um sie.* Sie war allein.

Warum ist sie allein? dachte ich. Ist sie *zu* schön, daß *sich* keiner *traut?* Hat sie einen *Sprachfehler?* Oder ein Holzbein

---

Glossary (marginal notes):

- *Lenkrad* — steering wheel
- *Fernverkehrsstraßen* — highway / *Ordnung* — category
- *quäle, reizen* — to torture / to attract
- *gummireifengepolsterten* — padded with rubber tires
- *widerstehen / kletterte / Gefährt* — to resist / to climb / vehicle
- *schmuddeligen* — dirty, unkempt
- *Kassieren tarzangleich* — collecting (tickets) / like Tarzan
- *schwang / Touren / ratterte* — to swing / rides / to rattle away
- *Strom eingeschaltet* — *here:* electric current / to switch on
- *buntgeblümte / Strümpfe* — colorful floral / stockings
- *schmalen* — slender
- *von gerade so vollendeter Form* — such a perfect form / to lose one's breath
- *völlig* — completely
- *Übersicht / gleichzeitig angefahren* — overview, control / simultaneously / to hit, drive into
- *Rücken / Brustkorb / Fugen knackten* — back / chest / seam / to crack
- *Mühe / in Gang* — difficulty / to get started
- *Rentner / äußersten* — pensioner, retiree / outermost
- *Rand / rechteckigen Fahrbahn* — edge / square rink
- *Blicke / Traumwesen* — glance / dream being, specter, fantasy
- *Jagdhunde / Heide* — hunting dog / heath
- *mühsam* — with difficulty
- *gemerkt* — to notice
- *angeschaut / Bedrängnis* — to look at / distress, trouble
- *Sardinenschwarm* — school of sardines
- *Zauberinnenlocken* — sorceress' hair
- *Verehrer / Schultern* — admirer / shoulder
- *Wangen* — cheek
- *rieb / Jüngling / bemühte sich um* — to rub / young man / to trouble oneself about, seek one's favor
- *traut / Sprachfehler* — to dare, venture / speech defect

. . . *Quatsch.* Es war nicht zu übersehen, daß sie kein Holzbein hatte. Ich mußte *dahinterkommen,* was mit diesem Mädchen los war! Also *ließ ich den Autoscooter Autoscooter sein, verzichtete* auf den *Anspruch,* noch weitere Runden fahren zu dürfen, und stieg, als ich gerade in der Gegend der Zauberin war, schnell aus.

Von da an war alles Weitere wie ein Traum.

Zunächst einmal stellte ich mich neben das Mädchen und merkte sofort, daß sie sofort merkte, daß ich neben ihr stand; sie warf mir einen—nur einen—schnellen, blitzenden Blick aus den großen, mit dunklen *Wimpern verhangenen* Augen zu und lächelte ein *winziges* Lächeln. So ein Aha!-Lächeln, wissen Sie?

Ich suchte ein paar Minuten nach einer möglichst originellen und *witzigen Anrede,* weil so ein erster Satz unglaublich wichtig sein kann. Damit kann man alles *gewinnen* und auch alles *kaputtmachen.* Ich überlegte, aber es *fiel* mir nichts wirklich Gutes *ein.* Also gab ich meiner *Stimme* den kleinen *Gurr-Ton* und sagte einfach nur: „*Darf ich Ihnen ein bißchen Gesellschaft leisten?*''

Und sie lächelte wieder, sah mich zehn unendlich lange Sekunden *prüfend* an, und sagte mit einer *verblüffend* dunklen, ein wenig *kratzigen* Stimme: „Ja . . . warum nicht?''

Natürlich. Warum denn nicht?

Aber ich konnte es fast nicht glauben. Es war einfach zu schön, um wahr zu sein. Es war wie sechs Richtige im *Lotto.* Und wenn ich mich recht erinnere, habe ich mich in diesem Augenblick tatsächlich in den Arm *gezwickt,* um festzustellen, ob das auch alles Wirklichkeit sei.

Eine Stunde später hatte ich von meinen gerade verdienten 250 Mark *Provision* schon ziemlich viel ausgegeben. Ich kaufte Monika—so hieß das Traumwesen—*Kettchen* und *Armbänder* und Ringe und ein *riesiges Lebkuchenherz* mit *Zuckergußaufschrift* ICH LIEBE DICH. Ich war zuerst ein bißchen darüber erschrocken, wie schnell ich einen *Schein* nach dem andern *wechseln* mußte; ich hatte einen *Anflug* von Kinderzeit-Erinnerung, wo ich mit einer Mark ganze Nachmittage auf dem Rummelplatz *verbracht* hatte—dann sah mich das Zaubermädchen an und lachte und sagte so was wie: „Sie sind ja ein *Schatz,* Niko!''—Ich heiße Nikolaus—und da waren alle meine *Bedenken* und Gedanken weg wie Schnee unter der Märzsonne. Und ein oder zwei weitere Stunden später gingen

---

Margin glosses:

nonsense
to find out
to let the bumper car be / to renounce, give up
claim, right

eyelash / covered
tiny

humorous / address
to gain
to destroy / to think of
voice / purring sound
may I keep you company

to examine / surprisingly
scratchy, hoarse

lottery

to pinch

commission
necklace / bracelet
gigantic / gingerbread heart / iced inscription
(money) bill
to change / trace, touch

to spend

sweetheart, treasure
scruples, doubts

wir, mit unserem *Rummelplatzplunder beladen,* zu meinem Hotel. Aber das Mädchen Monika *weigerte sich* mit *Bestimmtheit,* ja mit *Entrüstung* in der dunkelkratzigen Stimme, mit mir auf mein Zimmer zu kommen. „Ich glaube, du bist *verrückt!*" sagte sie. „Aber süß bist du trotzdem . . . . Bring mich nach Hause, ja?"

„Okay", sagte ich und *schalt* mich selbst einen Elefanten im Porzellanladen; ein solches Mädchen fragt man doch nicht nach drei Stunden Rummelplatzbummel, ob sie mit ins Hotelzimmer kommt. „Und wo wohnst du?"

„In Dimmelsdorf", sagte mein Schatz.

„Wo ungefähr ist das"? wollte ich wissen.

„Eine Stunde zu Fuß von hier *flußaufwärts—in Richtung* Neuhausen," erklärte sie.

Wir stiegen in meinen Wagen und fuhren los. Es war eine wundervoll milde Nacht, Mai, wie schon gesagt. Ich machte das *Schiebedach* auf und fuhr, von ihr geführt, langsam aus dem Städtchen. Sie *lehnte sich an* meine rechte Schulter. Ich legte meine rechte Hand auf ihr linkes Knie. Sie legte ihre linke Hand auf mein rechtes Knie.

„Fahr dort, wo der Wald anfängt, *gleich rechts rein,* Niko", sagte sie, als wir uns auf der Landstraße einem *Waldrand näherten.*

Ich *ließ mich* nicht zweimal *bitten,* fuhr den schlechten *Waldweg* zweihundert Meter hinein, *stellte* den Motor *ab, schaltete* die *Scheinwerfer aus* und begann, nach einem langen Kuß, schon an anderes zu denken.

Da wurde auf einmal die Wagentür von außen *aufgerissen* und jemand *packte* mich am *Kragen.*

Ich war so *verwirrt,* daß ich *bereits* auf dem Waldboden lag, ehe ich *mich zu wehren* versuchte. Aber es war *sinnlos.* Sie waren zu dritt. Ich hatte keine Chance.

Das Mädchen Monika stand an den Wagen gelehnt, sah zu und lachte. Die *Burschen* zogen mir das *Portemonnaie* aus der Hosentasche und *drehten* die Jackettasche *nach außen um.*

„In der *Brieftasche* sind noch ein paar Scheine, Fiete!" sagte das Mädchen zu einem der Burschen. Der griff auch gleich in meine Jacke. Dann banden sie mich schnell und sehr *geschickt* an einen Baum. Zwei kletterten auf zwei Mopeds und fuhren davon. Der dritte stieg mit dem zauberhaften Mädchen in mein Auto und fuhr aus dem Wald.

Sie sah mich nicht an. Sie *winkte* auch nicht. Sie rauchte

eine von meinen Zigaretten und warf den schönen Kopf zurück
und ließ die langen schwarzen Zauberinnenlocken *wehen*.   to blow

Ein faszinierendes Mädchen.

Ich brauchte mehr als zwei Stunden, um freizukommen und
eine gute weitere Stunde, um zu Fuß in das romantische
Städtchen zu gelangen und mein bequemes Hotel zu erreichen. Das Städtchen schlief tief und fest, als ich ankam. Von
einer der Kirchen schlug es dreimal. Zum Glück hatten mir die
netten jungen Leute meinen Hotelschlüssel nicht *abgenom-
men*.   to take away, to steal

Vor dem Hotel stand mein Wagen. Er war offen. Der
Zündschlüssel lag auf dem *Vordersitz*. Er war auch *heil*.   ignition key / front seat / intact

Auf dem Rücksitz war nur noch das Lebkuchenherz mit der
Schrift ICH LIEBE DICH.

Ich habe es mir *aufgehoben*. Es hängt über meinem   to save
Schreibtisch.

ÜBUNGEN

A. I.   Express in German.

1.   Because of my success I had decided to be lazy for a day.
2.   My hotel room was comfortable, attractive, and inexpensive.
3.   The food at the hotel was excellent.
4.   I imagined that I would find the girl of my dreams.
5.   A western was playing at the movie theater.
6.   The bumper cars attract me again and again.
7.   I could not resist this time either.
8.   I paid for ten rides in advance.

II.   Answer in German.

1.   Warum war der Erzähler in der Kleinstadt?
2.   Was verkaufte er?
3.   Bei wem hatte er den besten Erfolg?
4.   Was plante er an dem freien Tag zu tun?
5.   Beschreiben Sie das Hotel, in dem er wohnte.
6.   Was hofft man zu erleben, wenn man unterwegs ist?
7.   Welcher Monat war es?

   8. Was spielte im Kino?

   9. Woher kam die Musik, die er draußen hörte?

 10. Beschreiben Sie den jungen Mann, der die Autoscooter-Karten verkaufte.

 11. Wie oft wollte der Erzähler mit den Autoscootern fahren?

III. Fill in the blanks using the requested forms of the verbs.

 1. Zwei gute Tage _____ (liegen) hinter mir. (*pres., pres. perf.*)

 2. Ich _____ (sich fühlen) entsprechend gut. (*pres., pres. perf.*)

 3. Ich _____ (beschließen), faul zu sein. (*past., fut.*)

 4. Er _____ (kennen) die Stadt nicht. (*pres., past*)

 5. Man _____ (sich einbilden), das große Abenteuer zu erleben. (*past, pres. perf.*)

 6. Die Großstädter _____ (sich sehnen) nach Romantik. (*past, fut.*)

 7. Es _____ (scheinen) mir wichtig, den Monat zu erwähnen. (*past, pres.*)

 8. Ich _____ (geraten) auf den Marktplatz. (*pres., past*)

 9. Er _____ (sich lassen) schieben und schubsen. (*past, fut.*)

10. Ich _____ (können) nicht widerstehen. (*pres., pres. perf.*)

B. I. Express in German.

 1. I looked three times at the beautiful girl.

 2. My bumper car was hit from many directions at the same time.

 3. The girl had noticed that I had looked at her.

 4. Far and near there was no one who troubled himself about her.

 5. I did not know why she was alone.

 6. Everything can be won or lost with the first sentence.

 7. I almost could not believe it.

 8. I pinched my arm to see if it was all real.

II. Answer in German.

 1. Wie war das Mädchen gekleidet?

 2. Warum wurde er so oft angefahren?

 3. Hat das Mädchen ihn bemerkt?

 4. Welchen Vergleich benutzt der Erzähler, um zu zeigen, daß das Mädchen fehl am Platz war?

5. Mit wem war das Mädchen zusammen?
6. Wie machte er sich mit dem Mädchen bekannt?
7. Wie fühlte er sich, als sie „Ja" auf seine Frage sagte?
8. Warum hat er sich in den Arm gezwickt?

III. Fill in the blanks with the correct forms of the given adjectives.

1. Das Mädchen hatte eine sehr _____ (*cheerful, colorful floral*) Bluse an.
2. Die _____ (*slim*) Beine waren braungebrannt.
3. Ich ließ meinen Blick über das _____ (*lovely*) Traumwesen laufen.
4. Ich verzichtete auf den Anspruch, noch _____ (*additional*) Runden zu fahren.
5. Sie warf mir einen _____ (*quick*) Blick zu.
6. Ich suchte lange nach einer _____ (*original and witty*) Anrede.
7. Sie sah mich zehn _____ (*long*) Sekunden an.
8. Sie hatte eine _____ (*dark, hoarse*) Stimme.

C. I. Express in German.

1. An hour later I had spent much of my commission.
2. I was shocked how quickly I had to change my (money) bills.
3. In my childhood I had spent an entire afternoon at a fair with only one mark.
4. My thoughts melted like snow in the March sun.
5. She refused to go with me to my hotel room.
6. I wanted to know where she lived.
7. We got into my car and drove off.
8. She leaned against my right shoulder.

II. Answer in German.

1. Wieviel Provision hat er durch seine Verkäufe verdient?
2. Was kaufte er für Monika?
3. Wie verscheuchte Monika seine Bedenken über das schnelle Verschwinden seines Geldes?
4. Wohin weigerte sich Monika mit ihm zu gehen?
5. Wo lag Dimmelsdorf?
6. Wie kamen sie dorthin?
7. Wie war das Wetter?
8. Wo hielten sie an?

III. Use the given elements to make sentences in the present perfect.

1. In einer Stunde / ausgeben / ich / viel / von meiner Provision.
2. Ich / kaufen / Monika / Armbänder und Ringe.
3. Ich / müssen / einen Schein / nach dem anderen / wechseln.
4. Monika / ansehen / mich / und / lachen.
5. Wir / gehen / zu meinem Hotel.
6. Er / bringen / sie / nach Hause.
7. Monika / wohnen / in Dimmelsdorf / eine Stunde / zu Fuß / von hier.
8. Ich / aufmachen / das Schiebedach / und / fahren / langsam / aus der Stadt.
9. Ich / lassen / mich / nicht zweimal / bitten.
10. Ich / abstellen / den Motor / und / ausschalten / die Scheinwerfer.

D. I. Express in German.

1. The door was torn open from the outside.
2. Before I could try to defend myself, I lay on the ground.
3. Monika leaned against the car and watched.
4. They pulled my billfold out of the pocket of my jacket.
5. Then they tied me to a tree and left.
6. Monika did not even look at me.
7. I needed more than two hours to get loose.
8. The nice young people had not taken my hotel key.
9. My car was standing in front of the hotel.
10. The gingerbread heart is hanging over my desk.

II. Answer in German.

1. Wie landete der Erzähler auf dem Waldboden?
2. Warum war es sinnlos für ihn, sich zu wehren?
3. Was machte Monika, während man ihn beraubte?
4. Was machten die Burschen mit ihm, als sie sein Geld hatten?
5. Warum dauerte es so lange, bis er zurück zu seinem Hotel kam?
6. Was nahmen sie ihm nicht ab?
7. Wo stand sein Wagen?
8. Was lag auf dem Rücksitz des Wagens?
9. Was hat er mit dem Lebkuchenherz getan?

III. Fill in the blanks with the required forms of the verbs.

1. Jemand _____ (packen) mich am Kragen. (*pres., pres. perf.*)

2. Sie _____ (sein) zu dritt und ich _____ (haben) keine Chance. (*pres., past perf.*)

3. Monika _____ (stehen) am Wagen und _____ (lachen). (*past, fut.*)

4. Die Burschen _____ (ziehen) mir mein Portemonnaie aus der Hosentasche. (*past, past perf.*)

5. Der dritte _____ (steigen) in mein Auto und _____ (fahren) aus dem Wald. (*pres., fut.*)

6. Monika _____ (rauchen) eine Zigarette und _____ (zurückwerfen) den Kopf. (*pres., pres. perf.*)

7. Ich _____ (brauchen) eine Stunde, um das Städtchen zu erreichen. (*past, past perf.*)

8. Die netten Leute _____ (nehmen) meinen Hotelschlüssel nicht. (*pres., past*)

9. Der Zündschlüssel meines Wagens _____ (liegen) auf dem Vordersitz. (*pres., past*)

10. Ich _____ (aufheben) mir das Herz. (*past, fut.*)

E. Choose the most appropriate synonym from the following list for each of the words in italics.

ablehnen   nachdenken   hübsch
sich verteidigen   billig   angenehm   anschauen
beginnen   sich überraschen

1. Mein Hotelzimmer war *bequem* und *preiswert*.
2. Es *wunderte mich*, daß das Mädchen allein war.
3. Vielleicht war sie zu *schön*.
4. Ich *überlegte*, wie ich sie anreden sollte.
5. Das Mädchen *sah* mich *an*.
6. Monika *weigerte sich*, auf mein Hotelzimmer zu kommen.
7. Sie fuhren dorthin, wo der Wald *anfängt*.
8. Ich konnte *mich* gar nicht *wehren*.

F. Match the antonyms.

kaufen	1. traurig
faul	2. flußabwärts
der Großstädter	3. fleißig
laut	4. weinen
lustig	5. die Wirklichkeit
langsam	6. verkaufen

der Traum   **7.** der Kleinstädter
flußaufwärts   **8.** schnell
lachen   **9.** abgehen
ankommen   **10.** leise

G. Find the verb that is related to each of the following nouns. Give the meaning.

die Lieferung   _____
die Bestellung   _____
das Erlebnis   _____
das Geflüster   _____
die Flucht   _____
der Reiz   _____
der Blick   _____
der Verehrer   _____
die Erinnerung   _____
die Wohnung   _____
der Anfang   _____
der Kuß   _____
der Rauch   _____
die Schrift   _____

ZUR UNTERHALTUNG

Dialog: Der Erzähler versucht, seine Hundekuchen in einer Drogerie zu verkaufen.

Schriftliche Aufgabe: Der Erzähler muß einen Bericht über seine freien Tage für seinen Chef anfertigen.

Unterhaltung: Die Polizei hat Monika gefunden, und sie wird dem Erzähler gegenübergestellt.

Dialog: Monikas Freund wartet auf sie neben den Scootern. Er hat das Flirten des Erzählers gemerkt. Jetzt stellt er ihn zur Rede.

Unterhaltung: Monika erzählt ihren Freundinnen am nächsten Tag, wie sie und die Jungen den dummen Großstädter ausgenommen haben.

ALLER BÖSEN DINGE SIND DREI

HANSJÖRG MARTIN

Erst der dritte Versuch Theo Timpes, seinen Onkel zu *beseitigen*, war wirklich *wirkungsvoll*. Das heißt, die Wirkung war zwar sehr *heftig*—man kann sogar sagen, außerordentlich heftig. Aber es war dennoch eigentlich nicht die von Theo Timpe *beabsichtigte* Wirkung. *Im Gegenteil.*

Die Absicht Theos, seinen Onkel Gustav, den Konsul Gleim, den *greisen* Bruder seiner *verstorbenen* Mutter, aus diesem Leben *hinauszubefördern*—diese Absicht bestand seit Theo Timpes *kläglichem Scheitern* im *sogenannten Wirtschaftsleben.* Sie bestand, seit der junge Mann mit einem Transportunternehmen eine massive *Pleite* gemacht hatte und an den *Schulden kaute* wie ein Zahnkranker an einem *zähen* Steak. Das hatte sich vor zweieinhalb Jahren *begeben.* Er sah keine andere Möglichkeit, ein neues, besseres Leben anzufangen. Der Alte mußte weg.

Onkel Gustav wohnte weit draußen vor der Stadt am Rand eines Wäldchens. Das hübsche Haus lag ziemlich einsam. Neben diesem Haus besaß der Onkel noch zwei weitere Häuser, mehrere *Mietblocks* mit Läden, Büros und Wohnungen, die *Aktienmehrheit* einer *Konservenfabrik*, ein *stattliches Wertpapierdepot*, verschiedene Bankkonten, einen alten, aber sehr *gepflegten* großen englischen Wagen der teuersten Marke und einen Hund namens Nauke, der immer und stets bei ihm war.

Hund und Herr waren sich mit den Jahren erstaunlich ähnlich geworden. Nicht nur ihre *Gewohnheiten glichen sich*—beide waren (zur *Verzweiflung* der alten Haushälterin, die tagsüber Herrn und Hund *betreute*) schrecklich *unzufrieden* mit dem Essen; beide waren *knochendürr*, beide gingen mit den gleichen rheumatisch-*zittrigen* Schritten spazieren, beide hatten die gleichen *wäßrigen, trübblickenden* Augen—nur daß Onkel Gustav *im Gegensatz* zu seinem Hund eine *randlose* Brille trug. Den Hund *verabscheute* Theo Timpe übrigens. Er verabscheute ihn schon deshalb, weil der Onkel gesagt hatte—und immer mal wieder grinsend *beteuerte*—, daß der treue Hund Nauke der „beste Mensch" sei, den er kenne, jawohl; und schon aus diesem Grund *käme* nur der Hund, wenn er eben kein Hund wäre, als *alleiniger Erbe in Betracht*, *falls* er, Gustav Gleim, einmal sterben sollte.

„Aber das hat ja noch ein bißchen Zeit; darüber braucht

Marginal glosses:

to put aside, *here:* to murder

effective

violent

to intend / on the contrary

very old / deceased

to transport out

miserable / failure / so-called

business world

bankruptcy

debt / to chew / tough

to occur

apartment house

majority stock holding / canning factory / stately, large

security portfolio

well cared for

habit / to resemble

despair

to care for / dissatisfied

very thin (*lit.* bone thin)

trembling

watery / sad

in contrast

rimless / to despise

to assert

sole / heir / to come into consideration / in case

man *sich* noch *keine grauen Haare wachsen zu lassen''*, *pflegte* to grow gray hair over it
er jedesmal *hinzuzufügen*. Er war fast *kahl* und 77 Jahre alt, to be accustomed / to add / bald
als er das sagte. Doch Theo Timpe *hatte allen Grund,* an die to have every reason
lange *Lebenserwartung* des Onkels zu glauben—die Männer life expectancy
aus der Familie seiner verstorbenen Mutter waren alle neunzig
und noch mehr Jahre alt geworden. Bis auf Onkel Ernst, der
mit 72 Jahren in den Armen einer *Minderjährigen verschieden* minor (female) / to pass away
war. An *Überanstrengung.* overexertion

Es bestand zwischen Theo und dem Onkel kein besonders
herzliches Verhältnis. Das wurde auch nach Theos Pleite nicht cordial
besser, obschon ihn der Onkel mit einer *Geldspritze* wenig- *slang:* money infusion
stens vor dem *Allerschlimmsten bewahrt* hatte. Genauer ge- the worst / to save
sagt, vor einer *Anzeige* wegen *betrügerischer Wechselmani-* accusation / deceitful, dishonest
pulationen; so waren ihm ein paar Monate Gefängnis *erspart* money exchange manipulations, check fraud / to save
geblieben. Aber Theo dankte das dem Alten nicht; er hatte
gehofft und geglaubt, daß der ihn überhaupt aus der ganzen
Misere holen würde, was dem Onkel gewiß leicht gewesen
wäre. Der Onkel jedoch hatte nicht daran gedacht, mehr als
das *Nötigste* zu tun, als das Schlimmste zu *verhüten.* Und er the most necessary / to prevent
hatte dem *Neffen* zugleich deutlich zu verstehen gegeben, daß nephew
er nun wohl mal ein paar Jahre arbeiten müsse. Rein menschlich gesehen war es also eigentlich kein Wunder, daß Theo
Timpe *sich* mit *finsteren* Gedanken *trug.* In den Augen *here:* to occupy himself / dark, sinster
nichtsnutziger Nachkommen sind reiche *Erbonkel* meist viel zu good-for-nothing / descendant / benefactor (*lit.* benefactory uncle)
gesund und zu alt.

Der erste *Anschlag* auf das Leben des Onkels *ging* völlig attempted murder / to fail
daneben. Theo war über das Wochenende im Haus am Wald-
rand zu Gast gewesen. In der Nacht zum Montag war Theo in
die Garage *geschlichen,* leise wie ein Dieb, und hatte an dem to sneak
wunderschönen englischen Wagen des Onkels irgendeine
Schraube gelöst. Es war eine wichtige Schraube an der *Len-* screw, bolt / to loosen
kung. Er hatte damit gerechnet, daß der Onkel, wie immer, am steering
folgenden Montagmorgen zum *Vorortbahnhof* fahren und Zei- suburban train station
tungen holen würde. Die Straße dorthin war zwei Kilometer
lang, *schnurgerade* und gut asphaltiert, dann kam eine scharfe straight as an arrow
Kurve, und dahinter standen rechts und links dicke *Buchen* beech trees
am Straßenrand. Theo hatte also irgendwas Wichtiges *lok-*
kergemacht und damit gerechnet, daß es den Onkel, der trotz to loosen
seines Alters stets ziemlich schnell fuhr, in der Kurve *von der*
Fahrbahn tragen und gegen einen der dicken Buchenstämme to be carried off the road
schmettern würde. to smash

Aber es klappte nicht.

Nauke, der verdammte *Köter,* war krank geworden. Er hatte schon am Sonntagnachmittag im *Korb* gelegen und nichts gefressen; dann hatte er in der Nacht angefangen zu *husten* und zu *schnaufen.* Onkel Gustav rief also am Montag den Tierarzt an, bat ihn, zu kommen, und *ersuchte* ihn, ihm gleich die Zeitungen mitzubringen, was der junge Tierarzt gern tat, denn der alte Konsul Gleim war ein *gutzahlender* Patient— pardon, Patientenbesitzer.

cur, mutt
basket

to cough / to snort
to entreat, beg

to pay well

Als der Hundedoktor gegangen war, rief Onkel Gustav den Neffen, gab ihm ein *Rezept* und *beauftragte* ihn, gleich zur nächsten Apotheke zu fahren und die darauf *verschriebene* Medizin für den kranken Nauke zu *besorgen.* Und der Onkel war so in Angst um seinen Hund, daß er dem Neffen, der selbst keinen Wagen besaß, für diesen Weg zur Apotheke sogar sein Auto gab.

prescription / to commission, request
to prescribe
to get

„Nimm den Wagen!" sagte er.

Theos *Einwand,* er könne ja die fünf Kilometer auch mit dem *Fahrrad* der Haushälterin *zurücklegen, verwarf* der Alte sofort: „Unsinn! Erstens *regnet es in Strömen,* und zweitens braucht Nauke die Medizin so schnell wie möglich! Hier sind die Schlüssel, Theo. *Beeil dich!"*

objection
bicycle / to complete / to reject
to pour (rain)

to hurry

So geschah es, daß Theo Timpe *fluchend* im Regen vor der Kurve unter dem Auto lag und die gelöste Schraube wieder *festziehen* mußte, um nicht selbst das Opfer seines Mordanschlages zu werden.

to curse

to tighten

Der zweite Mordversuch scheiterte *ebenfalls* an Nauke, und wenn Onkel Gustav bessere Augen gehabt hätte, wäre die Sache *vermutlich ins Auge gegangen.*

also

presumably / to flop, *here:* to be discovered

Der liebende Neffe hatte irgendwo gelesen, daß alte Leute, wenn sie stürzen, sehr leicht komplizierte *Knochenbrüche davontragen,* die dann nur sehr *langwierig heilen* und oft durch das lange Liegen andere Komplikationen wie *Lungenentzündungen,* Thrombosen und so weiter *nach sich ziehen* und zum baldigen Tode führen.

fractures / to endure
slowly / to heal
pneumonia
to cause

Onkel Gustav hatte sein „Studierzimmer", wie er den kleinen Raum voller Bücher zu nennen *beliebte,* im ersten Stock des hübschen Hauses. Eine *schmale,* ziemlich *steile* Treppe führte hinauf. An einem Samstagabend hatte sich der Onkel vor dem Schlafengehen noch für ein Stündchen nach oben *verzogen.* Theo *spannte* ein Stück *Wäscheleine* in

to prefer
narrow / steep

to withdraw / to tie across / clothes line

Kniehöhe quer über die fünfte Stufe von oben und wartete in der *Diele* auf das Kommen und den *Sturz* des Erbonkels.

Der Onkel kam.

Vor ihm *hoppelte* Nauke *schwerfällig* die Treppe *herab,* die nur von einer schwachen *Wandleuchte* erhellt war. Der Hund erreichte das quergespannte *Tau,* blieb eine Stufe davor sitzen und *knurrte dumpf.* Onkel Gustav konnte nicht weiter. Er wunderte sich, *redete* seinem Hund *zu,* befahl ihm, weiterzugehen, damit er selbst treppab könne, *schimpfte* schließlich—aber das *gescheite* Tier rührte sich nicht vom Fleck. Die graue Wäscheleine vermochte Onkel Gustav nicht zu sehen. Er rief nach seinem Neffen. Theo lief aus dem *Winkel* der Diele, in der er auf seine finanzielle *Sanierung* gewartet hatte, schnell hinzu.

„Was ist denn mit Nauke los, Theo!" rief der Onkel. „Er sitzt *stur* da und *versperrt* mir den Weg. Ich weiß nicht. Kannst du mal nachsehen, was er da hat?"

Theo rannte die acht Stufen hinauf, löste unter dem *drohenden Zähnefletschen* und *grimmigen* Knurren des Hundes mit zwei Handgriffen *flink* den *Fallstrick* und stopfte ihn in die Tasche. „*Keine Ahnung,* Onkel Gustav." Er hatte Mühe, ruhig zu sprechen. „Was ist denn mit dir, Nauke? Vielleicht hat er sich *die Pfote vertreten.*"

Der Hund kletterte, immer noch knurrend, die steilen Stufen hinab an Theo vorbei. Der Onkel setzte kopfschüttelnd seinen Weg fort. Theo spürte, daß seine Knie zitterten. Anschlag zwei war *mißlungen.* Er wagte nicht, ihn zu wiederholen—wie, wenn der Onkel *sich gebückt* und das gespannte Seil entdeckt hätte?

Nahezu ein dreiviertel Jahr lang *erwog* Theo tausenderlei Möglichkeiten. Er las eine Reihe Bücher, in denen Mordfälle geschildert wurden; aber *das brachte nichts,* denn es waren immer Morde, die entdeckt worden waren—und wer mordet schon mit dem Ziel, entdeckt zu werden?

Der Hund war immer im Weg. Und er war nicht *aus dem Weg zu schaffen.* Er nahm nichts von Theo, nicht einmal *Käserinden,* auf die er sonst ganz *versessen war.*

Zu allen diesen Schwierigkeiten kam noch eine weitere: die Sache mit Lisa. Lisa war eine überaus attraktive Rotblondine, Ehefrau eines seefahrenden Mannes, der zehn von zwölf Monaten im Jahr zur See fuhr. Lisa war nicht nur sehr attraktiv;

---

knee height
hall / fall

to limp down / awkwardly
wall lamp
rope
to growl / quietly, muffled
to encourage
to scold
clever

corner
restoration

stubborn / to block

to threaten
to show one's teeth / angry
quickly / trip rope
no idea

paw / to sprain

to fail
to bend down

to consider, weigh

that was useless (*idiom*)

to get out of the way

cheese crust / to be crazy
    about

sie wußte es auch, und auf diesem Wissen *beruhten* ihre Ansprüche. Sie *beteuerte* zwar immer wieder, daß sie Theo nicht nur *über alle Maßen* liebe, sondern auch um jeden *Preis*— aber ihre *Preisvorstellungen* standen nicht im rechten Verhältnis zu seinen *Einkommensverhältnissen.* So kamen dem *vernarrten* Theo die *Beteuerungen teuer zu stehen.*

Seine Lage wurde immer schlechter.

Als zu allem *Überfluß* Lisa eines schönen, oder richtiger: eines *scheußlichen* Abends dem Entsetzten unter Tränen *verkündete,* sie trage nunmehr ein süßes *Geheimnis* unter ihrem schweren Herzen und nur er, Theo, könne der *Urheber* dieses Geheimnisses sein . . . und nur er könne und müsse einen *Ausweg* finden—und vor allem finanzieren, wenn ihr seefahrender Mann sie nicht *umbringen* sollte . . . Ja, da beschloß Theo, die Sache mit dem Onkel zu forcieren.

Jetzt oder nie!

Und am gleichen Abend, auf dem Heimweg von der werdenden rotblonden Mutter, *fiel ihm* blitzartig die *Lösung ein.* Sie fiel ihm *angesichts* eines großen *Plakates* ein, auf dem für die *Verwendung* von Gas *geworben* wurde. LEICHTER LEBEN—DURCH GAS! stand auf dem Plakat. Und genau das wollte Theo, wenn auch in anderem Sinne, als die Werbeagentur es gemeint hatte.

Zwischen Gustav Gleims Schlafzimmer und dem Gästezimmer, in dem Theo immer schlief, wenn er den Onkel besuchte und über ein Wochenende den *Pflichten* des einzigen Verwandten und Universalerben *nachkam,* zwischen diesen beiden Zimmern also war ein *Duschraum,* in dessen einer Ecke sich ein großer Wasserboiler befand, der mit Gas geheizt wurde.

Der Abend *verlief* richtig *gemütlich.* Nachdem die *mürrische* Haushälterin auf ihr Fahrrad geklettert und nach Hause gefahren war, saßen Onkel und Neffe nach einer Partie Schach (die Theo—wie meist—verloren hatte) noch eine Weile in der Sesselecke des Wohnzimmers, lasen, rauchten und schwiegen.

Theo rauchte mehr als sonst. Was in den Zeitschriften stand, die er unkonzentriert mechanisch *durchblätterte,* hätte er später nicht zu sagen gewußt—wenn ihn später noch jemand hätte fragen wollen und können. Er war *ungeheuer aufgeregt.* Diesmal mußte es *klappen.* Diesmal mußte es *unbedingt* klappen! Sonst konnte er nur noch *auswandern* . . . Aber wohin?

---

to rest / claim / to assert, maintain
above everything
price / idea about prices
income / lovesick
assertion / to cost dearly

excess
terrible
to announce / secret
originator

escape, expedient
to murder

to occur / solution
in view of / billboard
use / to advertise

to fulfill one's obligations
shower room

to pass / pleasant / bad-tempered

to page through, skim

terribly / excited
slang: to be successful / definitely
to emigrate

Kurz nach elf erhob sich der Onkel, um schlafen zu gehen. Nachdem er Nauke noch mal in den Garten gelassen hatte, *tauschten* sie Gute-Nacht-Wünsche und ein paar *belanglos* freundliche Worte.

to exchange / meaningless

„*Stört* es dich, Onkel Gustav", fragte Theo, „wenn ich noch kurz unter die Dusche gehe?"

to disturb

„Aber nein", sagte der Onkel und ging mit Nauke zusammen zur Ruhe. Theo wartete eine *knappe* halbe Stunde, *trank sich* mit des Onkels altem Whisky *Mut an, löschte* dann die Lampen im Wohnraum, ging ins Gästezimmer, zog sich aus und betrat leise den kleinen Duschraum. Er ließ einige Minuten das Wasser laufen, *lauschte* an der *Verbindungstür* zu Onkel Gustavs Schlafzimmer, hörte den Onkel leise *schnarchen, vergewisserte* sich, daß das kleine Badezimmerfenster fest geschlossen war, *knipste* die Deckenlampe und das Licht über dem Rasierspiegel *aus* und wartete abermals drei, vier Minuten.

brief / to drink oneself into
courage / to extinguish

to listen / connecting door
to snore
to make sure
to turn off

Es war jetzt sehr still im Haus. Auch das leise Schnarchen des Onkels war *verstummt*. Im Garten rief irgendein Nachtvogel. Theo öffnete den *Gashahn* und hörte ein leises Rauschen, als das Gas ausströmte. Er schlich zur Tür, die in des Onkels Zimmer führte, drückte *behutsam* die *Klinke,* die er schon am Nachmittag *geölt* hatte, und schob die Tür ganz langsam, Millimeter für Millimeter, zwei, drei Handbreit auf. Er hörte, wie sich der Hund auf seinem Lager *aufrichtete* und leise knurrte. Dann war alles wieder still.

silent
gas valve

carefully / door handle
to oil

to get up

Mit *angehaltenem* Atem ging Theo durch den kleinen Raum, in dem es schon heftig nach Gas *roch*, und *gelangte geräuschlos* in sein Zimmer. Er schloß die Tür hinter sich und legte sich auf das Bett. Sein Herz klopfte *rasend*.

to hold
to smell / to reach
soundlessly
racing

Eine halbe Stunde, dachte er. Oder besser eine dreiviertel Stunde. Dann ist es vorüber. Die *Leuchtzeiger* der Armbanduhr zeigten zwanzig vor zwölf.

illuminated dials

Theo lag im Dunkeln und ließ die Zeit *vergehen,* die der Onkel zum Sterben brauchen würde. Die Zeit verging *quälend* langsam.

to pass
painfully

Als die große alte *Standuhr* auf dem Flur zwölf zu schlagen begann—langsam, als ob *es ihr Mühe mache,* mit langen, *klingenden* Pausen zwischen den einzelnen Schlägen, die tief *dröhnten*—, hörte Theo die Schritte.

grandfather clock
to be difficult / ringing

to resound

Entsetzt fuhr er hoch. Tatsächlich: langsam *näherten sich tappende* Füße seiner Tür, tappende, *schlurfende* Schritte, *begleitet* von *Stöhnen* und *keuchendem* Husten . . . Immer näher.

Mit dem zwölften Schlag der Uhr *ging* die Tür *auf.* Theo spürte, wie sich die Haut in seinem *Nacken,* auf seinem Rücken, an seinen Armen in *Gänsehaut verwandelte;* er merkte, wie sich seine Haare *sträubten,* und er *verkroch sich* tief in die *Kissen.* Aber er ließ die Tür nicht aus den Augen.

Sie ging unendlich langsam auf—Zentimeter für Zentimeter. Und dann erkannte Theo den toten Onkel—das heißt, er erkannte ihn weniger, als er ihn *ahnte.* Im dunklen *Türrahmen* stand ein *Schemen,* stand eigentlich nur ein langes weißes *Nachthemd,* an dem vorbei ein *süßlich-stechender Geruch* ins Zimmer *wehte.* Gas, dachte Theo. Dann vergaß er das Gas wieder und dachte gar nichts mehr. Er hörte nur den keuchenden Atem der furchtbaren weißen Erscheinung. Es klang *schauerlich.*

Theo konnte sich *vor Grauen* nicht bewegen. Seine Lippen *bebten.* Seine Zähne schlugen gegeneinander. Seine *Kehle* war wie *zugeschnürt.* Kalter *Schweiß* lief ihm über die *Stirn.*

Jetzt vernahm er die *rasselnde* Stimme des Toten, die seinen Namen flüsterte: ,,Theooo!'' sagte die Stimme, und noch einmal: ,,Theooo!'' Und dann war die Gestalt wieder verschwunden. Sie war einfach weg. Sie hatte sich in Luft *aufgelöst*—der dunkle Türrahmen war leer, und unsicher—tapp . . . tapp . . . tapp—entfernten sich Schritte. Stille.

Dann *klirrte* ein Fenster.

Theo *löste sich aus der Erstarrung.* Zitternd griff er nach den Zigaretten auf dem Nachttisch. Bebend *tastete* er nach dem Feuerzeug und ließ die Flamme springen. Das war das letzte, was er tat. Eine grelle *Stichflamme zischte auf,* ein dröhnender *Donnerschlag.* Theo war unter der *eingestürzten* Wand *begraben.*

,,Der Gasboiler muß defekt gewesen sein!'' erklärte Onkel Gustav zwei Stunden später, als er mit verbundenem Kopf im halbwegs *heilgebliebenen* Wohnraum dem *Kriminalbeamten* gegenübersaß.

,,Mein Hund hat mich geweckt. Ich war schon richtig *benommen* von dem ausgeströmten Gas. Ich bin *hinübergewankt*

Glossary (right margin):

- terrified / to sit up
- to approach / tapping
- dragging / to accompany / groan / gasping
- to open
- neck
- goose pimples / to change
- to bristle / to creep away
- pillows
- to sense / door frame
- outline
- nightshirt, nightgown / sweet
- to drift / penetrating / smell
- frightful
- out of fright
- to tremble / throat
- to tie shut / sweat, perspiration / forehead
- rattling
- to dissolve
- to rattle, jangle
- to free oneself from numbness
- to feel, reach
- flashing flame / to hiss
- clap of thunder / collapsed
- to bury
- unharmed / police officer
- dizzy
- to stagger over

zu meinem Neffen. Der schlief ganz ruhig. Da roch es auch
nicht nach Gas. Mir war ganz schlecht. Sehr schlecht war mir.
Und als ich zurückgegangen war und gerade das Fenster
aufgestoßen hatte, kam die Explosion. Es hat mich zum Fen-   to push open
ster *hinausgeschmissen*—bloß gut, daß ich im *Parterre* schlafe!   to throw out / ground level
Ich dachte, ich hätte mir alle Knochen gebrochen. Also so was!

    Der Hund muß schon vor mir rausgesprungen sein, oder
gleichzeitig. Tja, bloß mein Neffe. Er war kein großes Licht,   simultaneously
der Theo. Er war faul, *auf deutsch gesagt.* Ich habe mir nie   to tell the truth
viel aus ihm gemacht. Aber das—nein, das hätte ich ihm nicht
gewünscht. Wirklich nicht!''

ÜBUNGEN

A. I.   Express in German.

    1.   Theo saw only one possibility to begin a new life.
    2.   Uncle Gustav lived in an attractive house at the edge of the woods.
    3.   His large, old English car was very well cared for.
    4.   The dog and his master were similar in several respects.
    5.   Uncle Gustav was 77 when he said there was still a little time until his death.
    6.   The old uncle only helped Theo a little in his bankruptcy.
    7.   Theo had to work for a few years.
    8.   Theo knew that his uncle drove to town every Monday morning.
    9.   The street was straight until it came to a sharp curve.
   10.   Nauke became ill and ate nothing all day.
   11.   Theo had to take the car to get the medicine for the dog.
   12.   He lay in the rain and tightened the loosened screw.

II.   Answer in German.

    1.   Seit wann wollte Theo seinen Onkel beseitigen?
    2.   Was besaß der Onkel außer dem Haus vor der Stadt?
    3.   Inwiefern waren Herr und Hund einander ähnlich?
    4.   Warum konnte Theo nicht auf ein baldiges Sterben seines Onkels hoffen?
    5.   Wie hat Onkel Gustav Theo bei seiner Pleite geholfen?
    6.   Was hatte Theo an dem Wagen des Onkels gemacht?
    7.   Warum ist der Onkel nicht in die Stadt gefahren, um seine Zeitungen zu kaufen?

8. Warum fuhr Theo nicht mit seinem eigenen Wagen zur Apotheke?

9. Warum legte sich Theo im Regen unter den Wagen?

III. Make one sentence from the two given sentences by using the conjunctions in parentheses.

1. Der dritte Versuch war wirkungsvoll. Er hatte nicht die beabsichtigte Wirkung. (aber)

2. Theo wollte seinen Onkel beseitigen. Er hatte Pleite gemacht. (seitdem)

3. Gustavs Haus war sehr einsam. Es lag weit draußen vor der Stadt. (weil)

4. Der Onkel behielt seinen Hund. Der Hund war alt und kränklich geworden. (obwohl)

5. Theo mochte den Hund nicht. Der Hund verabscheute Theo. (da)

6. Gustavs Tod hat noch ein bißchen Zeit. Er war sehr alt. (obwohl)

7. Es war kein Wunder. Theo trug sich mit finsteren Gedanken. (daß)

8. Theo löste eine Schraube. Er hoffte auf ein baldiges Sterben des Onkels. (weil)

9. Gustav geht nicht aus dem Haus. Der Hund ist krank. (wenn)

B. I. Express in German.

1. Theo had read that old people recover only slowly from broken bones.

2. The study was a small room on the second floor of the house.

3. A narrow, steep staircase led up to the study.

4. Before going to bed, Gustav went up to that room.

5. Theo waited in the hallway and hoped his uncle would fall.

6. Nauke stopped on the stairs and did not want to go on.

7. Theo ran up the stairs and untied the rope.

8. Theo's knees were shaking as his uncle walked away.

9. The books about murders described the ones that were discovered.

10. Lisa was very demanding, and her demands were expensive.

11. Lisa's sweet secret was a bitter discovery for Theo.

12. The solution to his problem occurred to him on his way home.

II. Answer in German.

1. Welche Komplikationen können für alte Leute durch langes Liegen entstehen?

2. Was tat Theo, um den Onkel zum Fallen zu bringen?

3. Warum blieb Nauke auf der Treppe sitzen?

4. Warum hat Onkel Gustav das Seil nicht entdeckt?

5. Wie lange wartete Theo, bevor er einen neuen Mordversuch machte?

6. Wer war Lisa?

7. Warum mußte Theo möglichst schnell eine Lösung finden?
8. Wo fand Theo die Lösung für sein Problem?

III. Change the tenses of the sentences to those indicated in parentheses.

1. Der Neffe hatte es irgendwo gelesen. (*past*)
2. Das Studierzimmer war im ersten Stock des Hauses. (*pres. perf.*)
3. Eine schmale Treppe führte hinauf. (*past perf.*)
4. Der Onkel hatte sich nach oben verzogen. (*pres.*)
5. Der Hund erreichte das Seil und blieb sitzen. (*past perf.*)
6. Onkel Gustav rief nach seinem Neffen. (*past perf.*)
7. Theo rannte die Stufen hinauf und löste das Seil. (*pres. perf.*)
8. Theo spürte, daß seine Knie zitterten. (*pres.*)
9. Lisa wußte, daß sie sehr attraktiv war. (*pres. perf.*)
10. Die Lösung fiel Theo blitzartig ein. (*fut.*)

C.I. Express in German.

1. A shower room was between the two bedrooms.
2. The housekeeper had climbed onto her bicycle and ridden away.
3. Theo was smoking more than usual.
4. He leafed through the magazines but did not read them.
5. Shortly after eleven his uncle got up to go to bed.
6. Theo went into the shower room and let the water run for a few minutes.
7. He opened the door slowly and heard the dog growl.
8. The door opened and Theo felt his hair stand on end.
9. The doorway was empty because the figure had disappeared.
10. The last thing that Theo did was to take out a cigarette.
11. The explosion threw Uncle Gustav out of the window.

II. Answer in German.

1. Was befand sich in einer Ecke des Duschraums?
2. Was haben Theo und Gustav am letzten Abend getan?
3. Was wollte Theo tun, bevor er ins Bett ging?
4. Was hörte Theo, als die alte Standuhr zwölf zu schlagen begann?
5. Was sah er in dem Türrahmen?
6. Wie wollte sich Theo nach dem Schreck beruhigen?
7. Mit wem redete Onkel Gustav zwei Stunden später?
8. Warum hat er sich nicht verletzt, als er aus dem Fenster hinausgeschmissen wurde?

III. Fill in the blanks with the correct forms of the given descriptive adjectives.

   1. Ein _____ (*large*) Wasserboiler stand in der Ecke des Duschraums.

   2. Der Onkel ließ Nauke noch mal in den _____ (*quiet*) Garten gehen.

   3. Sie tauschten ein paar _____ (*friendly*) Worte.

   4. Theo hörte ein _____ (*low*) Rauschen des Gases.

   5. Die _____ (*oiled*) Tür ging leise auf.

   6. In dem _____ (*small*) Raum roch es sehr stark nach Gas.

   7. Die _____ (*slow*) _____ (*dragging*) Schritte näherten sich.

   8. Die   Figur   trug   ein   _____   (*long*) _____ (*white*) Nachthemd.

   9. Mit _____ (*trembling*) Händen griff Theo nach seinen Zigaretten.

   10. Theo war leider kein _____ (*great*) Licht.

D. Match the synonyms.

wirkungsvoll	**1.** erfolglos sein
das Gegenteil	**2.** geschehen
greis	**3.** effektiv
sich begeben	**4.** das Umgekehrte
schrecklich	**5.** furchtbar
scheitern	**6.** dunkel
gewiß	**7.** lockern
finster	**8.** telefonieren
lösen	**9.** sicher
anrufen	**10.** uralt

E. Determine the noun that is at the root of each adjective. Give the meaning of the noun.

absichtlich	_____
wirkungsvoll	_____
kläglich	_____
stattlich	_____
wäßrig	_____
herzlich	_____
betrügerisch	_____
vermutlich	_____

gemütlich _____

quälend _____

F. Find the word in the left column that is most related to the word in the right column.

die Pleite	**1.**	die Stadt
kahl	**2.**	gleich
betrügerisch	**3.**	das Schloß
der Neffe	**4.**	die Schulden
der Vorort	**5.**	das Haar
das Rezept	**6.**	der Fuß
sofort	**7.**	der Onkel
der Schlüssel	**8.**	erfinden
die Pfote	**9.**	unehrlich
entdecken	**10.**	die Medizin

ZUR UNTERHALTUNG

Schriftliche Aufgabe: Theo erfindet einen anderen Weg, seinen Onkel ins Jenseits zu befördern.

Dialog: Theo unterhält sich mit der blonden Lisa über den Onkel. Er erzählt ihr von den zwei mißlungenen Versuchen, ihn umzubringen. Gemeinsam planen sie einen dritten Versuch.

Dialog: Onkel Gustav hat gemerkt, daß eine Schraube in der Lenkung seines Autos fehlt. Theo versucht, eine glaubwürdige Erklärung zu erfinden.

Dialog: Angenommen, Theos letzter Plan wäre erfolgreich gewesen, wie würde er der Polizei die Explosion erklären?

MORD NACH FAHRPLAN

HANSJÖRG MARTIN

Als Alfred Algernissen fast alles *besaß,* was ein Mensch zu besitzen *begehrt,* fiel sein *Blick* auf Loni Leisegang. Und da schlug sein Herz, wie es niemals zuvor geschlagen hatte. Sein *Reichtum,* seine Luxuslimousinen, sein *Strohdachbungalow* schienen ihm nicht mehr wichtig. Alles wurde unwichtig—alles, außer Loni Leisegang, deren *Anblick* (das muß zur Erklärung und *zu Alfred Algernissens Entschuldigung* gesagt werden) auch viele andere Männer schon kopflos gemacht hatte. *Kastanienrotes* Haar und grüne Augen sind ohnehin eine der besten Garantien für männliche *Kopflosigkeit.* Und wenn solches Haar und solche Augen einen königlichen Kurvenkörper *krönen,* kann es geschehen, daß Männer aggressiv werden. Alfred Algernissen wurde aggressiv.

Das war nicht *zuletzt* Loni Leisegangs *Schuld* (oder *Verdienst,* wie man will), die ihm auf jener ersten *gemeinsamen* Party *deutlich* zu verstehen gab, daß sie durchaus nichts gegen Aggressionen hatte—gegen gewisse Aggressionen *jedenfalls* nichts und schon gar nichts gegen so reiche Aggressoren, wie Alfred Algernissen es *offensichtlich* war. Ob Lonis *Neigung* zur *Gewalt* jedoch zu diesem *Zeitpunkt* schon den Gedanken an *Witwenschaft einschloß,* kann *zumindest* nicht bewiesen werden.

Der *Finanzmakler* Helfried Leisegang, Lonis Mann, war ja auch viel zu gesund für einen solchen Gedanken. Leisegangs einzige, richtige *Leidenschaft* war der Whisky. Dieser Leidenschaft wegen hatte er vor einigen Monaten seinen *Führerschein* verloren. Daß er auf dem besten *Wege* war, auch seine Frau zu verlieren, war ihm noch nicht *klargeworden.* Und daß er in Kürze sein Leben verlieren würde, konnte er kaum *voraussehen.*

Vierzehn Tage nach jener ersten Party war jedoch das *Schicksal* des Whiskyliebhabers Leisegang *besiegelt,* denn Alfred Algernissen hatte in diesen zwei Wochen dreimal *Gelegenheit* gesucht, gefunden und erhalten, *gründlich auszuprobieren,* ob er mit Loni *zusammenpaßte.* Sie paßten so gut zusammen, daß Algernissen beschloß, die *Geliebte* ganz zu gewinnen. Und da Leisegang seine Loni *gewiß* niemals *freiwillig freigeben* würde, begann Algernissen, einen Plan zu *schmieden,* mit dessen Hilfe er das einzige *Hindernis,* Helfried Leisegang selbst, *risikolos beiseite zu schaffen* hoffte. Da Algernissen ein kühl-kluger und klardenkender Mann war, und

---

to possess

to desire / glance

wealth
straw-roofed bungalow
    (actually a reed roof which is
    a very expensive form of
    roofing)
sight

in Alfred Algernissen's defense

chestnut-red

headlessness

to crown

at last, finally / fault / merit

mutual

clearly

in any case

apparently / inclination

force / point in time

widowhood / to include

at least

financial broker

passion

driver's license

to become clear

to foresee

fate / to seal

opportunity / thoroughly / to
    try out / to fit together

beloved

certainly

voluntarily / to release

to shape, form / hindrance,
    barrier
without risk / to do away with

da er außerdem keine Lust auf einen *langjährigen Aufenthalt* im *Gefängnis* hatte—*gedieh* sein Plan nur langsam, wurde immer wieder verändert, neu durchdacht und *verbessert*—und war schließlich so perfekt, daß einer der perfektesten Morde entstand. Und das sah dann so aus:

Alfred Algernissen wußte, daß Helfried Leisegang aus seinem *Betrieb* (Leisegang & Co, Apparatebau) Gewinne hatte, die er in *Grundstücken anlegen* wollte. Er rief also eines schönen Abends den *kerngesunden Gatten* der Geliebten an und *teilte* ihm *mit,* daß er ein 12 000 *Quadratmeter* großes Grundstück *an der Hand habe. Bauerwartungsland. Günstige Lage* in der *Heide. Spottbillig. Geheimtip.*

Leisegang war höchst interessiert.

Algernissen gab ihm noch ein paar *Köderdetails.* Der kerngesunde Todeskandidat *biß* prompt *an.*

Sie *verabredeten,* am übernächsten Morgen das Gelände gemeinsam zu *besichtigen.* Es liege, sagte der Finanzmakler zu Leisegang, *knapp* hundert Kilometer, also eine *Autostunde* außerhalb der Stadt. Leisegang *schwor* absolute *Verschwiegenheit,* natürlich—schon im eigenen Interesse. Algernissen *bot* ihm *an,* ihn im Wagen abzuholen—*frühmorgens,* ja, halb acht Uhr? Okay? Danke! Am Abend vor dem verabredeten *Termin* rief Algernissen wieder an: „*Bedaure,* lieber Leisegang, kleine *Panne.* Ich war heute nachmittag draußen wegen des Grundstücks . . .''

„Was denn?'' unterbrach Leisegang erschrocken. „Ist es weg?''

„Aber nein, nicht doch—nur—mein Wagen hat *gestreikt!* Da ist irgendwas mit der *Zündung.* Ich verstehe nichts von solchen Sachen. Ich habe ihn da in einer *Werkstatt* gelassen. Sie stellen ihn mir morgen früh dort an den Bahnhof. Zweiten Schlüssel habe ich hier. Wir müssen—wenn Sie noch an der Sache interessiert sind, wie ich *annehme*—*hinwärts mit dem Zug fahren* und dann zurück mit meinem Wagen. Ich bedaure den *Umstand,* aber . . .''

„Aber ich bitte Sie'', sagte Leisegang, „das ist doch nichts— sollten wir nicht vielleicht einen *Leihwagen* . . . oder . . . ''

„Ich kann aber doch nicht gut zwei Autos fahren'', gab Algernissen *geduldig* zu *bedenken.* „Und Sie haben doch keinen Führerschein, wenn ich mich recht erinnere, wie?''

„Verdammt, ja'', *schimpfte* Leisegang, „aber gut, dann fah-

Marginal glossary:

- for many years / stay, sojourn
- prison / to grow
- to perfect, improve
- business, company
- real estate / to invest
- hale and hearty / spouse
- to inform / square meter
- to have available
- land for development / favorable location / heath / dirt cheap / secret tip
- tempting details
- to bite
- to agree, fix (a date)
- to view
- barely / an hour by car
- to swear / secrecy
- to offer / early in the morning
- term, time / to regret
- breakdown, mishap
- to strike, *here slang for:* won't run
- ignition
- repair shop
- to assume, to travel there by train
- inconvenience
- rental car
- patiently / to consider
- to curse

ren wir mit der Bahn. Haben Sie schon eine Verbindung * ausgesucht* oder soll ich . . . ?''

Algernissen hatte. Er hatte sogar eine sehr feine Verbindung ausgesucht. Fast zwei Stunden hatte er über dem *Kursbuch* gesessen, bis er den ganz genau zu seinem Plan *passenden* Zug—oder richtiger: die passenden Züge—gefunden hatte. Er teilte also mit, daß 8 Uhr 24 vom *Gleis* elf des Hauptbahnhofs ein *Eilzug* führe, der 9 Uhr 58 am *Zielbahnhof* sei. Sie wollten sich auf dem *Bahnsteig* treffen.

Leisegang trank noch drei Whisky—die letzten seines Lebens—und ging gegen elf neben seiner Frau zu Bett. Er schlief schnell ein, während sie noch las. Es kann angenommen werden, daß sie von nichts was wußte, aber vielleicht hatte sie eine kleine *Ahnung*. Algernissen hatte indessen einen kleinen Koffer gepackt, sich Fahrkarte und Fahrplan noch mal genau angesehen und *zurechtgelegt* und hatte die kleine Pistole *geladen, gesichert* und in die Tasche des weiten, *zweiseitig zu tragenden* Mantels getan. Er hatte die kleine Pistole eine Woche vorher bei einem *Händler* in Frankfurt gekauft. Am nächsten Morgen kurz vor acht bestieg Algernissen den *D-Zug* nach München, der hier *eingesetzt* wurde und—wie er durch vorsichtiges Fragen erfahren hatte—immer schon eine halbe Stunde vor *Abfahrt bereitstand*.

Er lief innen im *Gang* die noch *leeren* Wagen entlang, sprach einige freundliche Worte mit dem *Zugschaffner*, suchte und fand schließlich ein *Abteil* zweiter Klasse, in dem schon ein *reisefiebriges* altes Ehepaar saß.

Er legte den Koffer über dem dritten freien *Eckplatz* ins *Gepäcknetz, schwatzte* mit den alten Leuten, *machte sich* über sich selbst *lustig,* daß er immer zu früh käme, weil er auch so ein aufgeregter Reisender sei. Nun hätten sie auch heute noch fast eine halbe Stunde bis zur Abfahrt. Aber besser, dreißig Minuten zu früh als dreißig Sekunden zu spät, nicht wahr, haha!

Er bat die alten Leutchen, einen Blick auf seinen Koffer zu haben, er wolle sich eben noch schnell was zu rauchen und zu lesen holen und dann sogleich in den *Speisewagen* gehen, um dort zu frühstücken. „*Spätestens* in Hannover *bin ich satt* und zufrieden wieder bei Ihnen'', sagte er, nachdem er gehört hatte, daß sie bis Würzburg fahren würden.

8 Uhr 13, zwanzig Minuten vor Abfahrt des D-Zugs, stieg er aus, lief zum Gleis elf, setzte sich im Laufen seine *Sonnen-*

---

to choose

schedule book, timetable

appropriate

track

train with limited stops / final station

platform

idea, suspicion

to place in order, get ready

to load / to put on the safety

reversible

dealer

express train

to originate

departure / to stand ready

corridor / empty

conductor

compartment

eager to travel
(*lit.* feverish to travel)

corner seat

luggage rack / to chat / to make fun of

dining car

at the latest / to be full

sun glasses

brille auf, obschon gar keine richtige Sonne schien—und schon gar nicht in der Bahnhofshalle—, *begrüßte* den dort schon nervös wartenden Leisegang, bestieg mit ihm den Eilzug nach N. und fuhr damit drei Minuten später aus der Halle. Auf dem Weg vom D- Zug zum Eilzug hatte er seinen doppelseitigen Mantel *gewendet,* die helle Seite nach innen, die dunkle nach außen, und so, mit dunklem Mantel und Sonnenbrille, stieg er in N. auch mit Leisegang aus dem Zug.

    Fünf Minuten später saßen sie zusammen im Auto.

    Zehn Minuten später hatten sie die kleine Stadt verlassen.

    Vierzehn Minuten später *bog* Algernissen von der Landstraße *ab* auf ein Wäldchen zu, einen Waldweg entlang zweihundert Meter zwischen die *Buchen, Birken* und *Tannen* und hielt dort an.

    „Hier?'' fragte Leisegang irritiert. „Aber das ist doch wohl kein Bauerwartungsland, Herr Algernissen, wie?'' „Doch'', sagte Algernissen, „steigen Sie aus. Ich zeige es Ihnen!''

    Leisegang *zögerte*—vielleicht war das ein Instinkt, der ihm die *Lebensgefahr anzeigte* oder ein plötzliches *Mißtrauen* gegen Algernissen. Aber dann stieg er doch aus.

    Algernissen hatte *ebenfalls* den Wagen verlassen, trat neben Leisegang, zog *flink* die Pistole und schoß zweimal. Er wunderte sich, daß es gar nicht so laut *knallte,* wie er *befürchtet* hatte. Zu Hause, im Keller seines schönen Hauses, wo er mehrere Stunden geübt hatte, war der Knall viel lauter gewesen.

    Leisegang hatte keine Zeit mehr, sich über irgendwas zu wundern. Er war sofort tot.

    Algernissen *zerrte* ihn unter eine dichte *Blautanne, verwischte* so gut es in der Eile ging die *Schleifspur,* setzte sich in den Wagen und fuhr schnell zurück zur Landstraße, die leer war—und die Landstraße weiter zur Autobahn, wo er aus dem Auto *herausholte,* was der Motor *hergab.* Er erreichte den Bahnhof von Hannover in dem *Augenblick,* als die Stimme aus dem Lautsprecher sagte: „Achtung auf Gleis drei! Der D-Zug nach München hat in wenigen Minuten *Einfahrt.* Bitte Vorsicht auf dem Bahnsteig!''

    Algernissen grinste. Er blieb hinter einem *Pfeiler* auf dem Bahnsteig stehen, bis der Zug *eingelaufen* war. Dann *kletterte* er in den Speisewagen, *zog* den—inzwischen wieder gewendeten—Mantel (helle Seite nach außen) *aus* und setzte sich an einen freien Tisch.

    Er holte tief Luft, bestellte Eier im Glas, Kaffee, *Aufschnitt,*

Glossary (right margin):

to greet

to turn inside out

to turn off

beech tree / birch tree / fir tree

to hesitate

mortal danger / to show / mistrust

also

quickly

to resound, explode / to fear

to pull, drag / blue spruce / to wipe away, brush away track, trace

to draw from, extract / to give, provide moment

entrance, *here:* arrival

column

to drive in, enter / to climb / to take off

cold cuts

doppelt Butter—und *zupfte* sich erschrocken eine *Tannenna-*   to pick off / fir needle
del vom *Hosenbein,* die er entdeckte, als er sich nach seinem   trouser leg / lighter
Feuerzeug bückte, das ihm aus der Tasche gefallen war.   to bend down

Nach gutem, aber relativ *hastigem* Frühstück *schlenderte* er   hastily, quickly / to stroll
in das Abteil, in dem er unter der *Obhut* des alten Ehepaares   care, protection
seinen Koffer gelassen hatte.

Die Frau schlief. Der Mann *erwiderte* nur kurz *nickend* sei-   to answer, reply / nodding
nen Gruß und sein „Dankeschön fürs Aufpassen'' und las
dann weiter in dem dicken Buch, das er vor sich hatte.

Algernissen *hängte sorgfältig* seinen doppelseitigen Mantel   to hang up / carefully
auf und setzte sich bequem in seine Ecke. Er hätte auch gern
ein bißchen geschlafen, aber das gelang ihm nicht. Nach zehn
Minuten stand er wieder auf, ging zur Toilette und blieb dann
draußen auf dem Gang stehen, um eine Zigarette zu rauchen.

In Würzburg verließ das Ehepaar den Zug mit freundlichem
Abschiedsgruß. In München stieg Alfred Algernissen aus. Dort   farewell
erlebte er noch einen heftigen *Schreck*: Die Pistole war *ver-*   shock / to disappear
schwunden. Er hätte schwören mögen, daß er sie nach den
Schüssen auf Leisegang in die Manteltasche gesteckt hatte.   shots
Aber da war sie nicht.

Er zwang sich zur Ruhe—wahrscheinlich war sie im Auto,
das am Bahnhof von Hannover in einem Parkhaus stand.

Als Algernissen am Nachmittag des nächsten Tages sein
Auto im Parkhaus in Hannover *aufschließen* wollte, wurde er   to unlock
verhaftet.   to arrest

Zu seiner Verhaftung kam es durch die folgende *Aussage*   deposition
an die Polizei: Ich bin dem Mann zufällig *nachgegangen,* um   to follow
mir vor Abfahrt des D-Zuges nach München noch eine Zeitung
zu kaufen. Es *überraschte* mich, daß er auf dem Bahnsteig   to surprise
eine Sonnenbrille aufsetzte und den hellen Mantel auszog und
mit der dunklen Seite nach außen wieder anzog. Auch
überraschte mich, daß er nicht zum Zeitungsstand ging, wie
er gesagt hatte, sondern auf einen anderen Bahnsteig lief. Dort
begrüßte er einen anderen Mann und stieg mit ihm zu meiner
Überraschung in einen Eilzug ein, der gleich darauf abfuhr. In
Hannover stand der Mann auf dem Bahnsteig, als unser Zug
dort einlief. Er trug den Mantel wieder mit der hellen Seite
nach außen und keine Sonnenbrille, obwohl hier die Sonne
hell schien. Er stieg in den Speisewagen und kam eine halbe
Stunde später ins Abteil, als ob er die ganze Zeit im Zug gewesen wäre. Der Mann war sehr unruhig. Als er zur Toilette

ging, untersuchte ich seinen Mantel. Ich fand die *Fahrzeug-* — auto registration
papiere mit der Autonummer und in der linken Innentasche
den Revolver vom Typ Smith und Wesson, Kaliber 7.65. Ich
konnte *feststellen,* daß kurz zuvor daraus geschossen worden — to determine
war. Außerdem fand ich eine Fahrkarte nach N.

Würzburg, am 26. 5. 19 . . , 16 Uhr 15 auf der Kriminalpolizei zu Protokoll gegeben und unterzeichnet von Heinrich
Hafermaß, *Kriminalkommissar i.R.* — inspector (retired) / i.R. = im Ruhestand

Alfred Algernissen wurde vor Leisegangs *Leiche* geführt. — corpse
Angesichts der Pistole, der Fahrkarte und der Aussage des — in view of
pensionierten Kriminalbeamten *gestand* Algernissen den Mord. — retired / to confess
Er wurde zu lebenslanger *Freiheitsstrafe verurteilt.* — imprisonment / to be sentenced

Der attraktiven Loni konnte man nichts beweisen und nach
einiger Zeit heiratete sie einen Filmproduzenten, der ihr ver-
sprach, einen Star aus ihr zu machen. Statt dessen aber
brachte er ihr *Vermögen durch,* bevor er einen *Herzinfarkt* — to squander / money, wealth
erlitt. — heart attack / to suffer

ÜBUNGEN

A. I. Express in German.

   1. Alfred Algernissen owned everything a man wants to have.
   2. Nothing was important anymore—except Loni Leisegang.
   3. Red hair and green eyes sometimes cause men to "lose their heads."
   4. Leisegang had lost his driver's license because of his love of whiskey.
   5. Algernissen began to make plans to get rid of his rival.
   6. The plan took shape only very slowly.
   7. He called his rival and told him that he had a beautiful piece of land for him.
   8. Leisegang was highly interested in this proposition.
   9. He had picked an excellent connection.
   10. Leisegang drank the three last whiskeys of his life before going to sleep.

II. Answer in German.

   1. Warum wurde für Algernissen plötzlich alles unwichtig?
   2. Beschreiben Sie Loni Leisegang.
   3. Gegen was für Aggressoren hatte Loni nichts?
   4. Hatte Herr Leisegang eine Leidenschaft?

5. Warum hatte Herr Leisegang keinen Führerschein?
6. Welche Gefahr drohte Herrn Leisegang?
7. Was hatte Alfred Algernissen ausprobiert?
8. Warum arbeitete Algernissen so lange an seinem Plan?
9. Welches Hindernis stand Alfred Algernissen im Weg?
10. Woran war Leisegang interessiert?
11. Warum schwor Leisegang absolute Verschwiegenheit?
12. Worin bestand die „kleine Panne"?
13. Warum können Algernissen und Leisegang keinen Leihwagen nehmen?
14. Hatte Algernissen schon eine Zugverbindung herausgesucht?
15. Welche Vorbereitungen traf Algernissen am Abend vor seiner Reise mit Leisegang?

III.   Supply the correct forms of the verbs given.

1. Sein Blick _____ (fallen) auf Loni Leisegang. (*pres., fut., pres. perf.*)
2. Alles _____ (werden) unwichtig. (*pres., past, pres. perf.*)
3. Er _____ (suchen) eine Gelegenheit. (*past, fut., past perf.*)
4. Er _____ (beginnen) einen Plan zu schmieden. (*pres., past, pres. perf.*)
5. Er _____ (wissen), daß Leisegang Gewinne hatte. (*pres., past, fut.*)
6. Sie _____ (anrufen) eines Tages an. (*pres., past, pres. perf.*)
7. Der Todeskandidat _____ (beißen) an. (*pres., past, past perf.*)
8. Algernissen _____ (anbieten) ihm an, ihn im Wagen abzuholen. (*pres., fut., pres. perf.*)
9. Wir _____ (müssen) mit dem Zug fahren. (*past, pres. perf.*)
10. Er _____ (einschlafen) schnell. (*pres., past, pres. perf.*)

B. I.   Express in German.

1. He had found out that the train was always there a half hour before it left.
2. He searched for and found a compartment with two old people in it.
3. Isn't it better to come 30 minutes early than 30 seconds too late?
4. He found out that the couple was going to Würzburg.
5. Although there was no sun, he wore his sunglasses.
6. One man was nervously waiting for the other one.

7. In less than an hour, Leisegang had been killed.
8. The murderer tried to erase the traces.
9. He grinned because he thought that he had been successful.
10. He would have loved to sleep but he was too nervous.

II. Answer in German.

1. Welchen Zug bestieg Algernissen um kurz vor acht?
2. Ist Algernissen ein nervöser Reisender?
3. Warum bittet Algernissen die alten Leute, auf seinen Koffer aufzupassen?
4. Wann will er wieder in seinem Abteil sein?
5. Wie verändert Algernissen sein Aussehen, als er zum Gleis elf geht?
6. Wo hielt Algernissen an?
7. Warum zögerte Algernissen mit dem Aussteigen?
8. Wie oft schoß Algernissen?
9. Wie kam Algernissen nach Hannover?
10. Wie trug er seinen Mantel in Hannover?
11. In welchen Wagen stieg Algernissen in Hannover?
12. Warum erschreckte Algernissen sich im Speisewagen?
13. Was taten die alten Leute, als Algernissen in sein Abteil zurückkam?
14. Konnte Algernissen im Zug schlafen?
15. Wo rauchte Algernissen eine Zigarette?

III. Rearrange the given parts to make complete sentences.

1. hier / D-Zug / wurde / eingesetzt / der
2. mit / sprach / freundliche Worte / Zugschaffner / er / dem / einige
3. er / rauchen / wollte / einiges / noch / zum / sich / und / Lesen / holen
4. setzte / im / sich / Laufen / er / Sonnenbrille / auf / eine
5. Zug / fuhr / der / aus / Halle / der / sogleich
6. will / er / Speisewagen / in / um / gehen / den / frühstücken / dort / zu
7. obwohl / Sonne / schien / keine / er / setzte / sich / auf / eine Sonnenbrille
8. Straße / von / der / sie / bogen / um / Wald / zu / einem / fahren / zu / ab
9. Lebensgefahr / etwas / ihm / zeigte / die
10. aus / holte / Auto / heraus / dem / er / der / Motor / was / hergab
11. kletterte / er / einen / in / Speisewagen / sich / wo / Kaffee / er / bestellte
12. nach / er / bückte / sich / Feuerzeug / seinem / und / es / auf / hob
13. Ehepaar / hatte / seinen / das / auf / alte / aufgepaßt / Koffer
14. Mann / gern / etwas / der / wollte / schlafen / konnte / nicht / aber / da / nervös / zu / er / war / es
15. sicher / ganz / war / er / daß / Pistole / die / Manteltasche / die / in / hatte / gesteckt / er

C. I. Express in German.

1. He had a big fright.
2. The pistol was probably in his car.
3. The next day, the murderer was arrested.
4. The police had been very successful in their investigation.
5. I was surprised that the man did not get a newspaper as he had said.
6. He got into the other train and left in it.
7. Why did he wear his coat with the dark side out?
8. I noticed that the weapon had just been used.
9. Heinrich Hafermaß signed the report.
10. The sentence was for life.

II. Answer in German.

1. Wo verließ das alte Ehepaar den Zug?
2. Worüber erschreckte Algernissen sich?
3. Wo war die Pistole wahrscheinlich?
4. Wann und wo wurde Alfred Algernissen verhaftet?
5. Welche Hilfe hatte die Kriminalpolizei zur Aufklärung des Mordes an Leisegang erhalten?
6. Ging der alte Herr dem Alfred Algernissen absichtlich nach?
7. Welche drei Dinge überraschten den alten Herrn?
8. Wann untersuchte der alte Herr den Mantel von Algernissen?
9. Was fand er in den Manteltaschen?
10. Was war Heinrich Hafermaß von Beruf gewesen?
11. Warum gestand Algernissen den Mord an Leisegang, als man ihn an dessen Leiche führte?
12. Wozu wurde Algernissen verurteilt?
13. Wurde Loni Leisegang auch verurteilt?
14. Wen heiratete Loni nach einiger Zeit?

III. Fill in the blanks with the correct forms of the given adjectives.

1. Er erlebte einen _____ Schreck. (*terrible*)
2. Die Pistole war sicher in seinem _____ Wagen. (*fast*)
3. Jemand hatte der Polizei die _____ Auskunft gegeben. (*following*)
4. Der Mann setzte sich eine _____ Sonnenbrille auf. (*dark*)
5. Er zog den _____ Mantel aus. (*light colored*)
6. Er wurde von einem _____,_____ Mann begrüßt. (*other, fat*)

   7. Sie stiegen in einen _____ Eilzug ein. (*old*)

   8. Der Mann stand auf dem _____ Bahnsteig. (*narrow*)

   9. Unser Mitreisender war ein sehr _____ Mann. (*nervous*)

 10. In der _____ Manteltasche fand ich den Revolver. (*left*)

 11. Algernissen wurde vor den _____ Leisegang geführt. (*dead*)

 12. Der _____ Kriminalbeamte hatte gut beobachtet. (*retired*)

 13. Der _____ Frau konnte nichts bewiesen werden. (*attractive*)

 14. Sie heiratete einen _____ Mann. (*other*)

D. Match the synonyms.

der Reichtum	**1.** der Ehemann
offensichtlich	**2.** wenigstens
zumindest	**3.** die Vermutung
ausprobieren	**4.** das Vermögen
freigeben	**5.** der Schaden (am Auto)
das Gefängnis	**6.** anscheinend
der Gatte	**7.** versuchen
die Panne	**8.** reden
die Ahnung	**9.** entlassen
schwatzen	**10.** die Strafanstalt

E. Form compound nouns from the following pairs of words. Give the meanings of the new words.

das Stroh	das Dach	_____
die Zeit	der Punkt	_____
die Finanz	der Makler	_____
der Führer	der Schein	_____
der Grund	das Stück	_____
das Auto	die Stunde	_____
der Zug	der Schaffner	_____
die Reise	das Fieber	_____

F. Find the noun that is the substantive of each of the following verbs.

EXAMPLE: spielen—das Spiel

schwören der	_____
krönen die	_____
besiegeln das	_____

freigeben die   _____
verbessern die   _____
anlegen die   _____
schimpfen der   _____
laden die   _____
einsetzen der   _____
abfahren die   _____
begrüßen die   _____
knallen der   _____

ZUR UNTERHALTUNG

Schriftliche Aufgabe: Alfreds Rechtsanwalt muß eine Verteidigung seines Klienten anfertigen.

Dialog: Loni hat sich in Alfred verliebt und möchte ihren Mann beseitigen. Sie unterhält sich mit Alfred über ihren Plan.

Dialog: Der pensionierte Kriminalhauptkommissar Hafermaß unterhält sich mit seiner Frau über Alfreds seltsames Benehmen.

Dialog: Sie sitzen in einem Flugzeug oder in einem Zug und der Passagier neben Ihnen hat zuviel getrunken. Plötzlich erzählt er langverschwiegene Geheimnisse.

VERSTECKSPIEL

DORALIES HÜTTNER

Die Schulkinder *strömten* aus den Türen des Schulgebäudes und rannten in alle *Himmelsrichtungen. Ferien.* Endlich!

to stream, pour
directions / vacation

Michael und Klaus *verließen gemeinsam* die Schule. Sie gingen schnell und *überholten* andere Gruppen.

to leave / together
to pass

„Gehn wir eine Cola trinken?"

„Hm . . .", machte Michael *gedankenversunken.*

lost in thought

„Hast du dir alles gut *überlegt?"*

to think over

„Klar."

„Deine Mutter glaubt also, du gehst mit auf die Klassenfahrt?" Sie betraten die *Imbißstube,* eine primitive *Holzbude.* Bratwürste *dampften* auf dem *Rost,* Kartoffelchips in einem *Sieb.* In gläsernen *Behältern* sprudelte *farbiger Saft.* Sie ließen sich zwei Cola geben und gingen mit den Flaschen in eine Ecke.

snack bar / wooden shed
to steam / grill / sieve
containers / to bubble / colored
/ liquid, juice

„Hast du den Schlüssel?" fragte Michael.

Klaus holte aus der Hosentasche einen Schlüssel hervor. „Hier! Aber wirklich nur für vier Wochen. In vier Wochen kommen wir aus Spanien zurück, hat mein Vater gesagt. Morgen früh fliegen wir. Was machst du mit deinem Bruder die ganze Zeit?"

„*Den kriegt keiner zu sehen.* Nur über meine *Leiche."*

No one will get to see him. /
dead body, corpse

„Wenn das nur gutgeht! *Ab und zu guckt* ein Nachbar von uns im Garten *nach dem Rechten.* Da mußt du *dich vorsehen!"*

from time to time / to check on
things
to be careful

„Klar. *Du weißt jedenfalls von nichts,* verstanden?"

You know nothing.

„*Ich habe keine Ahnung*", sagte Klaus. Er *saugte* an seinem *Strohhalm.* „*Mir wär's wohler,* wenn du Ferien machtest, Mann—als den Mist, den du da *vorhast.*" „Wird schon gutgehen . . .", sagte Michael *entschlossen. Unheimlich* entschlossen für seine zwölf Jahre.

I have no idea. / to suck, sip /
straw
I'd feel better
nonsense (lit. dung) / to plan
determined / surprisingly

„Schreib mir mal", bat seine Mutter. Er sah ihr *zu,* wie sie *hin und her* ging, Sachen in seinen Rucksack packte und dann anfing, Brote zu *streichen* und in *Brotbüchsen* zu *verstauen.* „Soll ich dir was zu trinken mitgeben?"

to watch / back and forth
to smear / sandwich tins / to
pack

„Am liebsten Milch", sagte Michael und freute sich über ihren *verblüfften Gesichtsausdruck.*

surprised / facial expression

„Milch? Seit wann trinkst du . . . ? Na, so was! *Unsinn.* Und sauer wird sie auch unterwegs. Ich geb dir am besten drei Mark extra, dann kaufst du dir was."

nonsense

„Okay!'' sagte Michael. Er beobachtete sie. Warum konnte sie denn *bloß nicht auch noch* für Max *sorgen?* Reichte dafür ihre Kraft nicht? Michael mochte seinen Halbbruder sehr und fand es *schlimm,* daß der Kleine in einem Heim *aufwuchs.* Warum heiratete der Vater von Max die Mutter nicht, so daß sie eine richtige Familie sein konnten? Warum? Dieses blöde Hin und Her; Michael kannte es, seit seine Mutter von seinem Vater *geschieden* war. Er sah seinen Vater kaum noch. Max sollte das nicht *erleben!* Er lag im Bett, als die Mutter *sich* über ihn *beugte.* „Hoffentlich hast du eine schöne Zeit, Junge!'' sagte sie.

> *not also*
> *to care for, take care of*
> *bad / to grow up*
>
> *divorced*
> *to experience*
> *to bend over*

„Und du?'' fragte er.

Sie lächelte *zaghaft.* „Was soll mit mir sein? Ich arbeite. Weiter nichts . . . .''

> *hesitantly*

„Und Max?''

„Max . . . .'' Sie *richtete sich auf.* „Dem geht es doch gut. Sicher am besten von uns allen. Ich bin froh, daß er *versorgt* ist.''

> *to straighten up*
> *provided for*

„Glaubst du denn, daß er glücklich ist?''

„Er weiß noch nicht, was das ist, glücklich . . . .'' Sie machte eine müde *Handbewegung.*

> *hand movement*

„Ich glaub, er weiß es sehr genau'', sagte Michael heftig. „Ich *jedenfalls* hab's genau gewußt.''

> *in any case*

„Ach, Micha'', sagte seine Mutter. Sie *schwieg* und *seufzte.* „Ich wünsch dir jedenfalls schöne Ferien. Vielleicht *sieht* alles anders *aus,* wenn du wiederkommst.''

> *to be silent / to sigh*
> *to look*

„Ich weiß nicht'', sagte Michael.

Um die Mittagszeit war das Heim wie *ausgestorben,* das wußte er. Er hatte ein paarmal seinen Bruder besucht, und er glaubte, *sich auszukennen.* Jedesmal, wenn er hier gewesen war, hatte er *sich* genau *umgesehen.*

> *dead*
>
> *to know one's way around*
> *to look around*

Mittags war Pause. Das Personal hatte Freistunde. Die Kinder schliefen. Es war leicht, zu dieser Zeit ungesehen ins Heim zu kommen. Michael wußte, daß sein Bruder im *ersten Stock* lag. Die Mittagspause war die einzige Möglichkeit, ihn *herauszuholen. Geräuschlos* öffnete und schloß Michael die Türen. Die Treppe war mit einem roten *abgetretenen Teppich* ausgelegt. *Leise* stieg er hinauf, *zögerte,* ging auf die zweite Tür rechts zu—hier drin mußte Max sein, wenn alles so geblieben war wie vor zwei Monaten. *Vorsichtig* öffnete er die

> *second floor*
>
> *to take out, fetch / soundlessly, without noise*
> *worn / carpet / quietly*
> *to hesitate*
>
> *carefully*

Tür einen *Spalt*. Alle Kinder lagen in den Betten. Die meisten schliefen. Die drei oder vier, die wach waren, nahmen keine Notiz von Michael. Er *schlich* zwischen den Bettreihen *entlang*. Dann sah er Max.

„Max", *flüsterte* er, „Mäxchen!" Und *gleichzeitig* legte er den Finger an die Lippen.

„Sei ganz leise", wisperte er, hob den Kleinen aus dem Bett und stellte ihn auf die Füße. „Komm!"

„Ja!" flüsterte Mäxchen—aber als sie fast an der Tür waren, *riß* er *sich* von Michaels Hand *los* und rannte zurück.

„Mümmel muß doch mit!" sagte er leise, als er wieder kam, und *wies* auf seinen *Stoffhasen*.

„Oh, Max, Mensch!" *stöhnte* Michael und öffnete leise die Schlafsaaltür. Sie gingen hinaus, Schritt für Schritt—erst langsam, dann schneller. Es waren etwa sieben Meter bis zur Treppe. Die Treppe hinunter trug Michael den kleinen Bruder. Noch zehn Meter bis zur Haustür.

Vorsichtig sah sich Michael um. Aus der *Küche* hörte er *Geräusche* und *Stimmen*. Er *schob* seinen Bruder durch die schwere Tür und ging schnell mit ihm bis zur nächsten Ecke. Dann rannten sie, so schnell Mäxchen mit seinen kurzen Beinen konnte.

An dieser Ecke hatte Michael sein *Rad abgestellt*. Da seine Mutter heute morgen keine Zeit gehabt hatte, ihn bis zum Bahnhof zu bringen, hatte er in aller Ruhe sein Rad aus dem *Keller* holen können. Daß seine Mutter nie Zeit hatte, war in seinem Plan *einkalkuliert*. Er hatte alles gut *vorbereitet*. Sogar zwei Postkarten hatte er geschrieben und einem Freund mitgegeben. „Liebe Mutter, es geht mir gut. Hier ist es sehr schön . . ." und so weiter.

Klaus hatte nicht zuviel *versprochen*. Der *Schrebergarten* seiner Eltern lag am *Rande* der Schrebergartenkolonie und war größer als die übrigen *Parzellen*. Klaus hatte gesagt, im Sommer könnte man sogar darin wohnen. Das taten seine Eltern und er manchmal. Vorsichtig drehte Michael den Schlüssel im *Schloß*, dann drückte er die *Klinke* herunter, und die Tür öffnete sich *knarrend*. Er schob sofort Mäxchen hinein und schloß die Tür ganz schnell wieder hinter sich. Mäxchen hatte seinen Mümmel im Arm und blieb abwartend an der Tür stehen, während Michael den Raum inspizierte: in der Mitte

crack

to sneak along

to whisper / simultaneously

to break away

to point / stuffed rabbit
to groan

kitchen
sounds / voices / to push

bicycle / to place

cellar
to count on, figure in / to prepare
to promise / a cooperative garden colony on the edge of large cities, a plan begun by Dr. Daniel Schreber in the early 19th century.
edge
lot, parcel of land
lock / door handle
creaking, squeaking

ein Tisch mit vier Stühlen, an der linken Wandseite standen
zwei Betten übereinander, daneben ein *Regal,* an der anderen
Wandseite war eine kleine *Kochnische.* Das Häuschen hatte
zwei Fenster, eines nach der linken, eines nach der rechten
Seite hinaus. „Guck mal, Max, hier gibt's sogar ein Radio",
sagte er überrascht und *hocherfreut,* als er ein kleines Tran-
sistorgerät auf dem Regal entdeckte.

shelves
kitchenette

delighted

„Ich habe Hunger", sagte Max, *unbeeindruckt* von der Ent-
deckung.

unimpressed

„Du kriegst gleich was zu essen. Ich muß nur erst mein Rad
wegstellen. Niemand darf sehen, daß wir hier sind."

„Warum nicht?"

„Das ist ein *Geheimnis.* Wir müssen uns so lange versteckt
halten, bis Mutti *einsieht,* daß wir alle zusammenbleiben wollen. Ich will nicht, daß du im Heim bist."

secret
to realize

„Aber dort ist Tante Karin, die mit uns spielt."

„Ich spiele auch mit dir. Warte nur einen *Augenblick.*" Er
brachte sein Rad in einen *Schuppen* für Gartengeräte. Im Garten *stellte* er *befriedigt fest,* daß dort alte *Obstbäume* standen,
die viel Schatten boten. Der Gartenweg war *umsäumt* von
Johannis-und Stachelbeersträuchern. „Davon könnt ihr essen,
soviel ihr wollt", hatte Klaus gesagt. Aber am Tage würden sie
das nicht können, wenn sie nicht gesehen werden wollten.

moment
shed
to determine / satisfied / fruit
trees
bordered / currant and
gooseberry bushes

Die Frauen des *Kinderheims* St. Elisabeth *waren außer sich.*
Der kleine Max Hauser war *verschwunden.* Alles hatten sie
abgesucht, das Haus, den Garten, sogar die *angrenzenden*
Straßen und Gärten—nichts. Sie mußten jetzt *Schritte* unternehmen, die ihnen *unangenehm* waren: *Jugendamt*—Polizei.
Womöglich war ja ein Verbrechen passiert. Nicht auszudenken!

orphanage / to be beside
oneself
to disappear
bordering
steps
unpleasant / juvenile office /
possibly

Eine *Vertreterin* des Jugendamts erschien sofort. Sie kannte
den *Fall* Hauser. Mutter geschieden. Aus der ersten Ehe ein
Sohn: Michael. Der kleine Max hatte einen anderen Vater, und
da die Mutter *berufstätig* war, hatte sie es nicht *schaffen*
können, den Kleinen *bei sich zu behalten.* Die *Verhältnisse
ordentlich*—aber ziemlich hoffnungslos, denn der Vater des
kleinen Max schien nicht bereit oder *in der Lage zu sein,* Frau
Hauser zu heiraten. Jedenfalls jetzt noch nicht.

representative
case

employed / to manage
to keep with her / conditions /
orderly, decent
to be in the position

„*Halten Sie es für möglich*", fragte die Beamtin des Jugendamts, „daß die Mutter ihn einfach geholt hat?"

Do you consider it possible?

„*Völlig ausgeschlossen*. Sie kann den Kleinen sehen, wann immer sie will. Außerdem hat sie *tagsüber* keine Zeit. Sie arbeitet in einem *Kaufhaus*."

completely impossible

during the day

department store

„Wir müssen zu ihr. Vielleicht ist der Kleine ja zu ihr gelaufen. Auf alle Fälle muß sie *Bescheid wissen*."

to be informed

Die *Heimleiterin* sah auf die Uhr. „Sie arbeitet noch. Sollen wir wirklich zu ihr ins Kaufhaus? Ich fürchte, sie *dreht durch*, wenn wir es ihr sagen."

head of the orphanage

to become hysterical

Die *Fürsorgerin schüttelte* den Kopf. „So schnell dreht keiner durch. Vielleicht kann sie uns weiterhelfen. Sonst müssen wir *selbstverständlich* die Polizei *verständigen*."

social worker / to shake

naturally / to notify

„Mein Gott", sagte die Heimleiterin, „hoffentlich ist dem Jungen nichts passiert!"

Im Kaufhaus an der Hauptstraße fuhren die zwei Frauen—die Heimleiterin und die Beamtin des Jugendamts—*die Rolltreppe* hinauf zum zweiten Stock, wo Frau Hauser in der *Spielwarenabteilung* arbeitete.

escalator

toy department

„Hallo!" sagte Michaels Mutter *erschrocken*. „Was ist? Was ist passiert? Was mit Mäxchen?" Sie schob sich nervös eine *Haarsträhne* aus der *Stirn*.

frightened

strand of hair / forehead

„Der Junge ist nicht zu finden, Frau Hauser", sagte die Heimleiterin. „Er scheint sich irgendwo zu verstecken, oder er ist in einem unbeobachteten Moment . . ."

„Wir hatten gehofft, er wäre hier, bei Ihnen", sagte Frau Jacobi vom Jugendamt.

„Um Gottes willen!" stöhnte Frau Hauser. Sie war *blaß* und sah die beiden mit *bebenden* Lippen an. „Mäxchen. . . .!" flüsterte sie fast unhörbar.

pale

trembling

„Wir haben ihn überall gesucht, überall—aber . . ." sagte die Heimleiterin, *hob ratlos* die Hände und ließ sie wieder fallen.

to raise / at a loss, perplexed

„Könnte sein Vater ihn geholt haben? Überlegen Sie mal!" fragte Frau Jacobi.

„Ausgeschlossen", sagte Frau Hauser. „Nein. Er mag den Jungen, ja, das weiß ich genau, aber warum sollte er ihn *entführen*? Er kann ihn ebenso oft sehen wie ich. O Gott, o Gott, mein Junge!" Sie schlug die Hände vors Gesicht und *schluchzte*.

to abduct

to sob

„Wir müssen die Polizei *einschalten*", sagte Frau Jacobi.

to bring in, engage

„Die Polizei?" flüsterte Frau Hauser.

„Ist hier keine *Bedienung?*" rief ein Kunde. Frau Hauser hörte ihn nicht.

service

„Ich nehme mir frei . . .", sagte sie. „Sofort. Und gehe nach Hause. Wenn doch wenigstens Michael—mein Großer . . . der ist auf Schulfahrt. Sie können mich zu Hause erreichen, wenn Sie was hören. Ich sage auch Johannes—Max' Vater—Bescheid. Er wollte heute abend sowieso kommen."

„Gut, Frau Hauser", sagte Frau Jacobi. „Wir *benachrichtigen* jetzt erst mal die Polizei."

to notify

„Es wird gewiß gut ausgehen!" sagte die Heimleiterin.

Alles lief *glatt.* In den ersten zwei, drei Tagen war Mäxchen noch richtig *begeistert* von dem großen „Versteckspiel"

smoothly

enthusiastic

„Wir spielen Verstecken", hatte Michael zu ihm gesagt, „vor allen Leuten. Niemand darf uns sehen. Kein Mensch!"

Die Brote, die ihm seine Mutter für die Klassenfahrt mitgegeben hatte, *teilte* er in Rationen *ein.* Die Milch, die er gekauft hatte, brauchte er für Vanillepudding. Er hatte sogar eine Flasche *Himbeersirup* eingesteckt.

to divide

raspberry syrup

„Vanillepudding magst du doch, nicht wahr?" sagte Michael zu Max. „So . . . noch einen *Löffel,* dann hast du's *geschafft!*"

spoon / finished

Michael beobachtete ihn. Er sieht genauso aus wie ich, dachte er, er hat genau dasselbe Haar wie ich. Er ist mein Bruder. In diesem Augenblick sah Michael *draußen* den Nachbarn zwischen den *Beeten herumschlendern.* Der Nachbar sah einen Augenblick *mißtrauisch* zum Häuschen hin, dann ging er weiter.

outside

flower beds / to meander, stroll

mistrustingly

„Sei ganz still, Max", sagte Michael, „da draußen ist jemand, und der darf uns nicht hören."

„Ist es ein Krokodil?" fragte Max.

„*Quatsch*", sagte Michael, „ein Krokodil wäre nicht so schlimm. Es ist ein Mann aus dem Nachbargarten, glaube ich."

nonsense

„Ist das schlimmer?" fragte Max.

„Und ob", sagte Michael.

Als Max schlief, stellte Michael leise den Transistor an, drehte ein bißchen daran herum und hörte plötzlich die Stimme des *Nachrichtensprechers.* „Jeden *Hinweis* zur Auffindung des Jungen *nimmt* jede Polizeidienststelle *entgegen.* Und nun der *Wetterbericht* . . . ." Michael drehte das Radio ab. Sein Herz hämmerte. Die Polizei war ihnen also *auf der Spur. Klar.* Nach vier Tagen. Er mußte morgen *unbedingt* was zu

news announcer

clue / to accept

weather report

on the trail / naturally

absolutely

essen besorgen. Ein paar *Fertiggerichte*. Max mußte etwas
anderes *vorgesetzt* bekommen.

Er *lauschte* den tiefen *Atemzügen* seines kleinen Bruders.
Der hatte den *Daumen* im Mund und schlief ganz fest. Er,
Michael, könnte jetzt auf das andere Bett *klettern*. Er lag immer
nur so lange neben Max, bis der eingeschlafen war.

Plötzlich hatte Michael das Gefühl, daß er beobachtet
wurde. Irgend etwas, irgend jemand. Er drehte vorsichtig den
Kopf zum Fenster, und da sah er die *Umrisse* eines Kopfes.
Der Kopf stand *unbeweglich* vor dem Fenster, und dann, ganz
langsam, hob sich eine Hand und legte sich über die Augen
wie ein *Schirm*, so, wie einer guckt, der besser sehen will.

Michael hielt den Atem an und *rührte sich* nicht. Dann
duckte sich der Kopf weg, und Michael hörte Schritte, leise
schleichend. Plötzlich sah er, wie sich langsam, ganz langsam,
die Klinke der Tür nach unten bewegte.

Hatte er *abgeschlossen?* Doch, ja, das hatte er. Die Klinke
hob sich.

Michael stieg aus dem Bett und schlich zum Fenster. Er
konnte noch hören, wie sich leise, vorsichtige Schritte langsam
entfernten.

Ob das wieder der Nachbar war, überlegte er *angestrengt.*
Ob er uns entdeckt hat? Aber es geschah nichts, und dann
schlief Michael ein.

Am nächsten Morgen sagte Michael zu Max, daß er unbedingt einkaufen müsse. „Wirst du hierbleiben und ganz still
sein, bis ich wiederkomme?" fragte er.

„Und wenn der Mann kommt?"

„Du brauchst keine Angst zu haben. Ich schließe hinter mir
ab." Michael hatte nicht mehr viel Geld, aber es reichte noch
für ein paar Gerichte vom Supermarkt, der in der Nähe war.
Es reichte auch noch für eine Zeitung.

„So, Mäxchen", sagte er leise, „jetzt essen wir eine Schnitte
mit Teewurst."

„Teewurst mag ich", sagte Max.

„Klar", sagte Michael, „ich nämlich auch." Befriedigt betrachtete er seine Einkäufe. Damit würden sie wieder *eine
Weile* auskommen. Fünf Tage bestimmt. Die sollten sie doch
alle suchen, *bis sie schwarz würden!*

Im diesem Augenblick *fiel* ihm die Zeitung *ein,* die in der

---

Glosses (right margin):

- ready-to-serve meals
- to serve, place before
- to listen / breath
- thumb
- to climb
- outline
- motionless
- shade
- to move
- locked
- strenuously
- a period of time
- until they were blue in the face
- to remember

Innentasche seiner Jacke steckte. Er zog sie heraus, breitete sie auf dem Tisch aus, und sein Blick fiel sofort auf ein Foto von Max. Darüber stand: „Noch immer keine Spur von Max Hauser." Michael spürte, wie sein Herz an die Rippen *pochte*,   to beat als er weiterlas. „Noch immer hat die Kriminalpolizei von dem kleinen Max Hauser, der aus dem Kinderheim St. Elisabeth seit einer Woche verschwunden ist, keine Spur. Max Hausers *verzweifelte* Eltern würden alles tun, um ihn wieder   desperate zurückzubekommen. Die Kriminalpolizei *schließt* ein *Ver-*   to exclude *brechen* nicht *aus.*"   a crime

Michael *schluckte trocken.* Offenbar hatten die noch nicht   to swallow / dryly bemerkt, daß er gar nicht auf Klassenfahrt gegangen war, seine Mutter nicht, die Polizei nicht, niemand. Und was bedeutete es, daß Max' Eltern alles tun würden, um ihn zurückzubekommen? Würden sie vielleicht endlich heiraten? Und würde Max dann immer bei ihnen bleiben? Und würden sie eine richtige Familie sein können? Seine Mutter *machte* jetzt sicher viel *durch*, aber er selber schließlich auch.   to endure, go through

Es war ein *Zufall*, daß Klaus der erste war, der die deutsche   chance Zeitung las, die sein Vater an einem *Kiosk* am *Strand* gekauft   newspaper stand / beach hatte. Auf der ersten Seite stand die Zeile: JUNGE AUS EINEM KINDERHEIM VERSCHWUNDEN. KIDNAPPING?

Er las *hastig* den Text und betrachtete immer wieder das   hastily Bild des kleinen Jungen. Klar war das Michaels Bruder. Er hatte ihn ein paarmal gesehen. Was für eine *Aufregung!* Man   excitement *vermutete* sogar ein Verbrechen. So ein Quatsch! Das hatten   to suspect weder Michael noch er *vorausgesehen.* Zweifel überfielen ihn.   to foresee Die konnten doch nicht mit einem *Riesenaufwand* ein Ver-   great commotion brechen *aufzuklären* versuchen, während Michael mit seinem   to solve Bruder in ihrer Schrebergartenhütte herumspielte. So war das nicht ausgemacht.

Plötzlich *goß* ihm jemand einen *Eimer* Wasser über den   to pour / bucket Kopf, und die Zeitung wurde ganz *naß.* Das war sein Vater.   wet

Klaus schreckte hoch und sah seinen Vater an. Er wirkte so *verstört*, daß sein Vater *stutzte.* „Was hast du denn, he? *Ist dir*   upset / to be taken aback, *eine Laus über die Leber gelaufen?"* Klaus *schüttelte* das Was-   hesitate ser von der Zeitung und reichte sie seinem Vater.   *idiom:* did you swallow a fly?
  to shake

„Steht was Besonderes darin?" fragte er.

Klaus nickte. „Auf der ersten Seite."

Sein Vater überflog sie. „Ist doch immer dasselbe", sagte

er. „Kidnapping. *Einbruch. Bombenanschlag.* Was ist denn   break in / bombing
Besonderes?"

„Sieh dir mal das Bild von dem Jungen an", sagte Klaus.
Der Vater tat es. „Na und?"

„Das ist der Bruder von Michael."

Der Vater betrachtete das Bild offenbar genauer und las
auch den Text dazu. „Na und?" sagte er schließlich wieder.

Klaus schwieg.

Der Vater las den Text noch mal, sah seinen Jungen an
und wurde mißtrauisch. „Hast du etwa was damit zu tun?"
fragte er, und er beugte sich so nah vor, daß die *Wassertropfen*   drops of water
von seinem Körper in Klaus' Gesicht *spritzten.*   to splash

Klaus schwieg verzweifelt.

Sein Vater setzte sich neben ihn und sagte: „Wenn du etwas
weißt, dann rede, jetzt, sofort. Wir werden dann schon zusammen eine *Lösung* finden. Hörst du?"   solution

Da sagte Klaus seinem Vater alles.

„Bist du nicht *der Ansicht,* Klaus, daß wir die Polizei in   of the opinion
Hamburg anrufen müssen?"

Klaus blickte verstört seinen Vater an. „Aber was wird Michael von mir denken?"

„*Den kriegst du hin*", sagte sein Vater. „Ich könnte *mir*   You'll convince him
vorstellen, daß es Michael recht ist, entdeckt zu werden.   to imagine
Kannst du dir denken, daß er es noch länger in unserem
Häuschen *ausgehalten* hätte? Mit seinem kleinen Bruder?"   to stick it out

Klaus hob *verwirrt* die *Schultern* und senkte den Kopf. „Ich   confused / shoulders
weiß nicht."

Sie kamen abends um sieben. Michael sah sie kommen.
Zwei Polizisten, *aufrecht, lässig,* als würden sie einen *erholsa-*   upright / casual / restful
men Spaziergang machen, *ausgerechnet* in einem Schreber-   precisely, just
garten. Michael schloß die Tür auf, dann ging er zu Max, der
auf dem Bett saß und seinen Mümmel im Arm hatte. Er setzte
sich neben ihn und zog ihn auf den *Schoß.* „Die Polizei, aber   lap
du *brauchst* keine Angst zu haben, Mäxchen. Wir haben nichts   to need
Böses getan. Wir haben uns ja bloß versteckt."

In diesem Augenblick wurde die Tür *aufgerissen,* und die   to throw open
zwei Polizisten kamen in das Häuschen.

„Aha", sagte der eine.

„Bist du Michael?" fragte der andere.

„Ja", sagte Michael kaum *hörbar.*   audible

„Ist das dein Bruder Max?"

„Ja."

„Und was macht ihr hier, so allein?"

Michael schluckte trocken, und dann sagte er, „Wir—wir verstecken uns hier."

Die beiden Polizisten sahen sich an. „Na, dann *packt* mal eure Sachen *zusammen* und kommt mit." *to pack together*

Immer war es Michaels Traum gewesen, einmal in einem *Peterwagen* zu fahren, einem Polizeiauto, der durch den dicksten *Verkehr jagte.* Nun saß er in solch einem Wagen, und neben ihm saß Max. Der Polizist, der neben ihm saß, schien zu telefonieren. Wirklich? Tatsächlich. Michael sah angestrengt zu ihm hin. *patrol car* / *traffic / to race*

„Peter vier-sechs-zwo, vier-sechs-zwo", hörte er. Wir haben den *vermißten* Max Hauser gefunden. Bringen ihn mit seinem Bruder Michael ins Präsidium. Bitte Eltern benachrichtigen." *missing*

Sie warteten. Schrecklich langsam *verging* die Zeit, und es *wurde* Michael immer *elender zumute.* Er hatte keine Angst vor der *Strafe.* Sollten sie ihn doch bestrafen. *Das war ihm egal.* Aber daß alles wieder so werden würde, wie es vorher gewesen war, dieser Gedanke war kaum zu *ertragen,* nach alldem. *to pass* / *more miserable / to feel* / *punishment / That didn't matter to him.* / *to endure*

Und dann öffnete sich die Tür. Seine Mutter stand auf der *Schwelle* und hinter ihr ein Mann, groß und breit, mit lachendem Gesicht. Max' Vater. *doorway*

Michael erlebte alles wie durch einen *Schleier:* wie seine Mutter auf Mäxchen zurannte und ihn *umarmte,* wie er selbst in ihren Armen versank. Kein Wort des *Vorwurfs,* keine *Zankerei,* nichts. *veil* / *to embrace* / *reproach / quarreling*

„Muß Max jetzt wieder ins Heim?" fragte Michael als erstes. Die breite Hand von Max' Vater fuhr durch Michaels Haar. „Keine Sorge, Michael. Max bleibt jetzt bei uns, nicht wahr, Inge?" Michael sah, wie seine Mutter *nickte.* *to nod*

Der eine Polizist betrat den Raum, mit Mümmel in der Hand. „Der Kleine hat seinen Hasen im Auto vergessen", sagte er *sachlich.* *in a matter-of-fact way*

„Mein Mümmel", schrie Max und rannte auf ihn zu.

„Na, dann scheint die Familie ja komplett zu sein", sagte der Beamte.

Die komplette Familie sah sich an und lächelte *verlegen.* *embarrassed*

ÜBUNGEN

A. I.   Answer in German.

1. Warum waren die Schüler am Ende dieses Schultages so froh?
2. Wohin sollte Michael während der Ferien fahren?
3. Was waren Klaus' Ferienpläne?
4. Warum gab die Mutter Michael drei Mark extra?
5. Wo wohnte Michaels Halbbruder Max?
6. Warum wohnte er dort?
7. Was taten die Kinder im Heim während der Mittagspause?
8. Was hätte Max fast vergessen?
9. Welche Vorbereitungen hatte Michael getroffen, damit seine Mutter glaubte, er wäre auf der Klassenfahrt?
10. Beschreiben Sie das Gartenhäuschen.

II.   Form passive sentences.

1. Die Jungen betraten die Imbißstube.
2. Klaus holte aus seiner Hosentasche einen Schlüssel hervor.
3. Michael beobachtete seine Mutter.
4. Er hatte seinen Bruder ein paarmal besucht.
5. Michael öffnete vorsichtig die Tür.
6. Er hob den kleinen Bruder aus seinem Bett.
7. Michael hatte das Fahrrad an einer Ecke abgestellt.
8. Er hatte zwei Postkarten an seine Mutter geschrieben.

III.   Supply the appropriate relative pronouns in the blanks.

1. Die Jungen betraten eine Imbißstube, _____ eine primitive Holzbude war.
2. Klaus holte einen Schlüssel hervor, _____ in seiner Hosentasche steckte.
3. Klaus fuhr mit seiner Familie, _____ in Spanien Ferien machte.
4. Michaels Mutter suchte seine Sachen, _____ sie dann in seinen Rucksack packte.
5. Sie gab ihm Geld, mit _____ er etwas zu trinken kaufen sollte.

6. Michael ging zu der Ecke, an _____ er sein Fahrrad abgestellt hatte.

7. Sie fanden den Schrebergarten, _____ am Rande der Schrebergartenkolonie lag.

8. Michael freute sich über das Radio, _____ er auf dem Regal entdeckte.

9. Im Garten waren Obstbäume, _____ viel Schatten boten.

IV. Match the antonyms.

der Schlüssel	**1.** lachen
morgen	**2.** trocken
sich scheiden	**3.** das Schloß
schluchzen	**4.** gestern
links	**5.** gefunden
flüstern	**6.** die Mitte
die Rolltreppe	**7.** schreien
der Rand	**8.** heiraten
naß	**9.** der Aufzug
vermißt	**10.** rechts

B. I. Answer in German.

1. Warum waren die Frauen im Kinderheim außer sich?
2. Warum hielt die Beamtin des Jugendamts es für unmöglich, daß Frau Hauser Max abgeholt hatte?
3. Wo arbeitete Frau Hauser?
4. Wo wollte Frau Hauser auf Nachricht über Max warten?
5. Wie sah Max aus?
6. Welches Gefühl hatte Michael kurz vor dem Schlafengehen?
7. Wohin ging Michael am nächsten Morgen?
8. Wessen Bild war in der Zeitung?
9. Welche Möglichkeit hat die Polizei nicht ausgeschlossen?

II. Form active sentences.

1. Das Haus und der Garten wurden von den Frauen des Kinderheims abgesucht.
2. Max ist nicht von seiner Mutter abgeholt worden.
3. Der Kunde wurde von Frau Hauser nicht gehört.
4. Die Polizei wird von der Fürsorgerin benachrichtigt.
5. Michael wurden von der Mutter Brote für die Fahrt mitgegeben.

6. Eine Flasche Himbeersirup ist von ihm eingesteckt worden.
7. Das Radio wurde von Michael leise angestellt.
8. Die Jungen wurden von dem Nachbarn beobachtet.
9. Zum Glück ist die Tür von ihm abgeschlossen worden.
10. Ein Verbrechen wurde von der Polizei nicht ausgeschlossen.

III. Form questions from the following sentences by using the words in parentheses and eliminating the unnecessary elements.

1. Der kleine Max ist verschwunden. (wann)
2. Die Verhältnisse waren ordentlich. (wie)
3. Frau Hauser arbeitet in einem Kaufhaus. (wo)
4. Wir müssen die Polizei verständigen. (warum)
5. Sie haben ihn überall gesucht. (wo)
6. Sein Vater kann ihn oft sehen. (wann)
7. Frau Hauser kann man zu Hause erreichen. (wo)
8. Niemand darf die Jungen sehen. (wer)
9. Michael hielt den Atem an. (warum)
10. Plötzlich hörte Michael die Stimme des Nachrichtensprechers. (was)

IV. Choose the most appropriate synonym from the following list for each of the words or phrases in italics.

sich erinnern   verständigen   gern haben   wenden   beobachten
anhören   erleben   sich bewegen

1. Der Vater *mag* den Jungen.
2. Wir *benachrichtigen* jetzt die Polizei.
3. Michael *betrachtete* seinen Bruder.
4. Er *lauschte* den tiefen Atemzügen.
5. Er *drehte* vorsichtig den Kopf zum Fenster.
6. Michael *rührte sich* nicht.
7. In diesem Augenblick *fiel* ihm die Zeitung *ein*.
8. Seine Mutter *machte* jetzt viel *durch*.

C. I.   Answer in German.

1. Warum interessierte sich Klaus für die deutsche Zeitung?
2. Was hatten Michael und Klaus nicht vorausgesehen?
3. Wen haben Klaus und sein Vater angerufen?
4. Beschreiben Sie, wie die zwei Polizisten zu dem Häuschen kamen.
5. Wie kamen die Jungen zum Polizeipräsidium?

6. Wovor hatte Michael am meisten Angst?

7. Wer wartete auf den Polizeiwagen?

II. Join the following pairs of sentences by choosing the appropriate relative pronouns or subordinating conjunctions from the list. Watch the word order.

als   bevor   das   wenn   als   der   als   das

1. Klaus war der erste. Er las die deutsche Zeitung.

2. Er betrachtete das Bild. Es war auf der ersten Seite.

3. Klaus und Michael hatten die Aufregung nicht vorausgesehen. Sie planten das Versteckspiel.

4. Die Zeitung wurde ganz naß. Jemand goß Wasser über Klaus' Kopf.

5. Der Vater sah seinen Jungen an. Er las den Text noch mal.

6. Du sollst sofort reden. Du weißt etwas darüber.

7. Michael und Max saßen auf dem Bett. Die Polizisten rissen die Tür auf.

8. Michael fuhr in einem Polizeiauto. Es jagte durch den Verkehr.

III. Replace the expressions in italics with a da- or wo-compound.

1. Klaus betrachtete das Bild *in der Zeitung.*

2. Michael war mit seinem Bruder *im Schrebergarten.*

3. Jemand goß einen Eimer Wasser *über die Zeitung.*

4. Klaus wollte nicht *über den Fall* sprechen.

5. *Über welchen Artikel* willst du mit mir reden?

6. Klaus dachte *an Michaels Plan.*

7. Michael holte den Schlüssel hervor, *mit dem* er die Tür aufschloß.

8. Max hat seinen Hasen *im Auto* vergessen.

IV. Give the nouns from which the following adjectives are derived. State the meanings of each.

zufällig	_____
seitlich	_____
brüderlich	_____
zweifelhaft	_____
wässerig	_____
körperlich	_____
ängstlich	_____
träumerisch	_____
schrecklich	_____

ZUR UNTERHALTUNG

Dialog: Michael erzählt Klaus zum ersten Mal von seinem Plan, Max aus dem Heim zu holen.

Schriftliche Aufgabe: Michael schreibt im voraus eine Postkarte an seine Mutter. Die Karte beschreibt die Klassenfahrt, die Michael gar nicht mitmacht.

Schriftliche Aufgabe: Schreiben Sie einen Zeitungsbericht über Max' Entführung.

Unterhaltung: Welche Komplikationen ergeben sich für kleine Kinder, deren Eltern sich scheiden lassen?

Dialog: Die Mutter und Max' Vater unterhalten sich über die Entführung.

PENDELVERKEHR

HANSJÖRG MARTIN

Als Karlo Kunz die *kostbare Karre klaute,* konnte er wirklich nicht *voraussehen,* welche Komplikationen das mit sich bringen würde. Wie jeder, der in so einem Beruf tätig ist, rechnete Karlo natürlich *stets* mit Schwierigkeiten. Schwierigkeiten gehörten auch in dieser Branche *gewissermaßen* dazu wie *Börsenkrisen* zum Beruf des *Maklers,* wie früher Frost zum Beruf des Gärtners . . . es ist eben wie überall. Die Polizei wurde immer *wachsamer* und auch technisch immer perfekter—schön; darauf konnte *sich* Karlo *einstellen. Es kam vor,* daß Karlo vom Besitzer des Wagens *gestört* wurde und wegrennen mußte . . . Das waren Dinge, mit denen er rechnete.

> valuable / *slang:* car / *slang:* to steal / to foresee
>
> always
> to a certain extent
> stock market crash / broker
>
> more alert
> to adjust oneself / to happen
> to disturb

Aber das, was ihm diesmal *widerfuhr,* war *wahrhaftig* so *ungeheuerlich,* daß es selbst dem *alten Hasen* Karlo *die Sprache verschlug,* daß er—seit langer Zeit zum erstenmal wieder—*kreidebleich* vor Schreck wurde und vor Angst zu *zittern* begann, als er den *Kofferraum* des *gestohlenen* Wagens öffnete und . . .

> to experience / truly / monstrous
> old rabbit, *here slang for:* old hand
> to lose one's speech
> chalk white
> to tremble / trunk of the car stolen

Nein, so kann man das nicht erzählen. Die Geschichte ist viel zu schön, als daß man so einfach das Ende gleich erzählt. Also *der Reihe nach:*

Am Abend zuvor hatte Karlo Kunz auf der Suche nach einer *Verdienstmöglichkeit*—*wohlgemerkt:* Verdienst-, nicht etwa Arbeitsmöglichkeit—in Harry's Bierstube *reingeschaut,* hatte dort ein Stündchen rumgesessen, ohne etwas Konkretes zu finden. Er war *bereits im Begriff,* sein Bierchen zu bezahlen und das Lokal zu wechseln, als der Schwarze Ali kam, sich freute, ihn zu treffen und ihm berichtete, daß der Ringfinger-Rudi für einen guten *Kunden* gegen gutes Geld einen großen Wagen zu kaufen suchte. Einen Mercedes möglichst, gut erhalten, neueres Modell; das Fahrzeug mußte innerhalb von sechsunddreißig Stunden, also in *anderthalb* Tagen, in Savona, siebenundvierzig Kilometer südlich Genua, in der und der Straße bei Signor *Soundso abgeliefert* werden. *Gegen bar.*

> from the beginning (*lit.* in succession)
>
> possibility for making some money please note!
> *slang:* to look in
>
> already / in the process
>
> customer
>
> one and a half
>
> such and such / to deliver for cash

„Okay, Ali!'' sagte Karlo, „ich schau mich mal um!''

So hatte das angefangen, ganz harmlos sozusagen.

Es war zunächst auch sehr einfach weitergegangen: Eine *knappe* halbe Stunde später nämlich sah Karlo Kunz bereits den Wagen, der allem *äußeren Anschein nach* den *Anforderungen* genau *entsprach.* Es war ein großer, silbergrauer Mercedes neuesten Modells, ein bißchen *staubig,* aber anson-

> brief
> apparently / requirement / to correspond to
> dusty / otherwise

sten ganz *tadellos.* Fast wie ein *Fingerzeig mutete* Karlo die *Buchstabenkombination* des polizeilichen *Kennzeichens an:* Sie *lautete* KU-NZ.

„Ein Kulmbacher—na so was!" murmelte Karlo *grinsend,* als er es entdeckte. „Da steht ja schon mein Name daran. . . ." Er beobachtete aus den *Augenwinkeln* scharf, was da *vor sich ging.*

Ein mittelgroßer, dicklicher Mann stieg aus, *angelte sich* einen Trenchcoat—ganz ähnlich dem Mantel, den Karlo trug— vom *Rücksitz* und sagte zu der Frau, die auf der anderen Seite *herauskletterte:* „Laß uns erst mal ein paar Schritte laufen und frische Luft *schnappen,* Lisa—nur mal eben fünf Minuten die Straße rauf und runter; was meinst du? Ich möcht schon, nach der langen Sitzerei."

„Wie du willst", erwiderte die Frau, eine gutaussehende Blondine, die allerdings einen ziemlich müden oder *traurigen* Eindruck machte. Sie blickte zum Himmel, holte ebenfalls einen Mantel aus dem Auto, hängte ihn über die Schultern und band sich ein buntes Kopftuch um, denn es fing gerade an, *sachte* zu *nieseln.*

Der Mann schloß, nachdem auch er seinen Mantel ange- zogen hatte, *sorgfältig* den Wagen ab und steckte den Auto- schlüssel in die rechte Manteltasche. Dann gingen die beiden nebeneinander in Richtung Rathausplatz davon.

„Wunderbar", sagte Karlo leise zu sich selber. „Da brauche ich nicht mal zu *knacken!"* Er lief zur Telefonzelle an der nächsten Ecke, suchte in seinem Notizbüchlein die Rufnum- mer von Ringfinger-Rudi und rief ihn an:

„Rudi? Hier Karlo. Alfred hat mir erzählt, daß du für einen Kunden ein Auto suchst. Ich glaube, da wüßte ich *was Pas- sendes.* Hab es mir eben angesehen. Ich muß allerdings noch *verreisen,* ehe ich dich wieder anrufen kann . . . Ja, heute abend noch . . . Wie? Nach Süden, ja. *Übermorgen* bin ich sicher wieder da, und . . . Okay, Rudi. Dann mach's gut! Danke."

Damit *war das Geschäft klar;* Rudi *wußte Bescheid,* Karlo auch. Es konnte *losgehen!*

Zunächst ging Karlo Kunz noch in der Nähe des Hotels herum. Er *behielt* den Hoteleingang um die Straße gut *im Auge, prüfte* nebenbei den Inhalt seines *Portemonnaies, stellte*

---

perfect / pointer / to seem
letter / combination
license (plate) / to read
grinning

corner of the eye / to happen

to fish out

back seat
to climb out
to catch

sad

gently / to drizzle

carefully

to crack, *here slang:* to break in

something appropriate

to go away
day after tomorrow

the business matter was in order / to be informed
to begin

to keep in view / to check
wallet

befriedigt *fest,* daß sein Geld gewiß bis hinter Genua reichen würde, selbst wenn der Wagen, was *anzunehmen* war, eine Menge Benzin *verbrauchte.* Dann betrat er, gleich hinter dem erfrischten Paar aus Kulmbach, die Halle des Hotels und studierte den dort ausgehängten Stadtplan so lange, bis die beiden im Hotelrestaurant Platz genommen hatten. Dann *schlenderte* er *gleichfalls* ins Restaurant, hängte seinen Mantel direkt neben den Mantel des Kulmbachers und setzte sich drei Tische entfernt zu einem einzelnen Herrn, der mit *hörbarem* Appetit *Eisbein* aß. Eigentlich hatte Karlo auch Hunger, aber er mußte auf das Essen *verzichten; alles Weitere war eine Zeitfrage. Falls* das Ehepaar aus Kulmbach lange genug aß, konnte er schon über die *Grenze* sein, wenn sie den *Verlust* ihres Autos merkten. Also bestellte sich Karlo nur eine Cola mit Rum, bezahlte gleich, als der Kellner sie brachte, trank das Glas zum *Erstaunen* des Eisbeinessers *mit einem Zug* leer, stand dann auf, nahm seinen eigenen Hut und den Trenchcoat des Kulmbachers vom *Haken* und verließ das Lokal.

Fünf Minuten später hatte er bereits zwischen sich und das Ehepaar mehrere Kilometer gelegt. Mit zufriedenem Lächeln hatte er festgestellt, daß der *Benzinanzeiger* auf Dreiviertelvoll stand, hatte—gleich nach dem Start—gesehen, daß im *Handschuhfach* die *Wagenpapiere* lagen. Er hatte auch eine sehr schöne Straßenkarte gefunden, aber er brauchte sie nicht; er kannte den Weg von früheren ähnlichen Fahrten. *Zu allem Überfluß* entdeckte er auch noch ein Bündel *großformatiger* italienischer Banknoten—, „so ein *Leichtsinn!*" murmelte er *mißbilligend*—und vier Packungen Zigaretten.

Die Begegnung mit dem Mercedes-Besitzer aus Kulmbach war ein Glücksfall, wie er *sich* weiß Gott nicht alle Tage *ereignet,* dachte Karlo und *pfiff* leise *vor sich hin.*

Der Regen war stärker geworden. Es begann dunkel zu werden, als Karlo Kunz von einem *gelangweilten* Grenzposten, der *offensichtlich* keine Lust hatte, bei solchem Wetter aktiv zu werden, *lässig weitergewinkt* wurde. Auf der österreichischen Seite geschah das gleiche. Karlo pfiff lauter.

Als der Besitzer des schönen Autos mit seiner Frau aus dem Restaurant trat, *satt,* ausgeruht und fit zur Weiterfahrt, näherte sich Karlo zu diesem Zeitpunkt bereits Innsbruck. Aber das wußte nun *wiederum* der Kulmbacher nicht. Sein *entspanntes*

---

to determine
to assume
to use

to stroll / also

audible
pig's knuckle (a North German delicacy)
to do without / in case

border / loss

surprise / with one gulp

hook

gasoline gauge

glove compartment / registration papers

in addition / large-sized
carelessness
disapprovingly

to happen
to whistle / to himself

bored
apparently
casually / to wave on

filled

on the other hand / relaxed

Gesicht bekam plötzlich harte Konturen. Verwirrt und erschrocken sah er sich um, *zwinkerte,* schüttelte den Kopf, als   to blink
wolle er *Benommenheit abschütteln,* und rief dann *entsetzt:*   numbness / to shake off
    „Lisa! Der Wagen!" Er zeigte auf die leere Stelle, wo das   terrified
Fahrzeug gestanden hatte. *Gleichzeitig* reichte er an die   simultaneously
Trenchcoattasche, merkte, daß da kein Autoschlüssel drin war,
sah den Mantel an und stellte fest, daß es nicht seiner war.
    „Gestohlen!" schrie er und wollte anfangen zu *fluchen.*   to curse
Aber er kam nicht mehr dazu. Seine Frau *klammerte* sich an   to cling
seinen Arm, schloß die Augen und *fiel* mit dem *seltsamen*   strange
Ausruf „O Mutti!" *in Ohnmacht.* Er konnte sie gerade noch   to faint
auffangen, sonst wäre sie die Steinstufen vor dem Hotel hin-   to catch
unter aufs Pflaster *gestürzt.* Der *Polizeibeamte,* dem die beiden   to fall / police official
zehn Minuten später gegenübersaßen, *staunte* nicht wenig, als   to be surprised
das bestohlene Paar nach anfänglichem *Drucksen* und *Stot-*   hesitation / stuttering
tern berichtete, was ihm mit dem Wagen, neben den *üblichen*   usual
Koffern und sonstigem Reisegepäck, noch *abhanden gekom-*   to lose
men war. Er staunte nicht wenig, hatte jedoch trotz der *Be-*
sonderheit—oder richtiger, wegen der Besonderheit der Situ-   peculiarity
ation—Mühe, *sich ein Grinsen zu verbeißen.* Er hatte, was in   to suppress a grin
diesem Beruf nicht allzu häufig *anzutreffen* ist, Phantasie. Und   to meet
jetzt *stellte er sich* das Gesicht des Autodiebes *vor,* wenn der   to imagine
dahinterkam, was er da *am Halse* hatte.   around the neck
    Es *dauerte* etwa zwei Stunden, bis die polizeiliche *Meldung*   to last / notice, report
die Grenzstationen erreichte. Die Zollbeamten und Grenzpo-
lizisten, die dort Nachtdienst taten, wurden wach, als sie lasen,
woran das gestohlene Auto zu erkennen sei und worauf sie ihr
besonderes *Augenmerk* zu richten hätten—und die in dieser   attention
Nacht die Grenze passierenden Mercedesfahrer wunderten
sich, daß sie mit *finsteren* Blicken *aufgefordert* wurden, ihren   dark, threatening / to demand
Kofferraum zu öffnen und *sämtliche* Gepäckstücke herauszu-   all
nehmen—*Maßnahmen,* mit denen man ja heutzutage an   measures
westlichen *Schlagbäumen* nicht mehr so ohne weiteres rech-   crossing barrier
net.
    Karlo Kunz bewegte sich zu dieser Zeit bereits auf Bozen
zu, rauchte, aß Schokolade, die er gekauft hatte, pfiff noch
immer und überlegte, daß er bei Rudi noch ein paar Hunderter
mehr für den prompt erfüllten *Auftrag* bekommen müsse . . .   order, commission
Dann *malte er sich aus,* was er mit dem Geld *anstellen* würde,   to imagine / to undertake
das die Sache ihm einbringen würde. Die Nacht war kühl und

sternenklar, seit er den *Brenner* hinter sich hatte. Die Straßen
waren leer; die Dörfer, die er durchfuhr, lagen still und dunkel.
Der starke Motor lief fast lautlos, wenn alles gut ging, konnte
Karlo vielleicht schon vor Mittag in Savona sein. Er *erwog*, ob
er sich aus dem Gepäck, das hinten auf den Rücksitzen lag,
und aus den Koffern, die gewiß im Kofferraum waren, nicht
noch dies und das aussuchen sollte—da war ja bestimmt eine
Kamera dabei, vielleicht ein bißchen *Schmuck* . . . Er beschloß, bei *Tagesanbruch* auf einen Parkplatz zu fahren und
nachzusehen. Warum sollten die italienischen Partner von
Ringfinger-Rudi das Zeug alles bekommen.

Aber dann kam es ganz anders. Den weiteren *Verlauf* bestimmte nicht Karlo Kunz, nicht der Ringfinger-Rudi und auch
nicht seine italienischen Partner; das tat vielmehr der *Pächter*
Giovanni Gozzi—*beziehungsweise,* er hatte es bereits am Vor-
abend getan, und zwar ohne *Absicht* und ganz unwissentlich.
Seine Felder lagen zu beiden Seiten der Straße zwischen Riva
und Trient, und er hatte sie—kein ungefährliches *Unterfangen*
bei dem starken *Feierabendverkehr*—auf seinem *Ackerwagen*
überquert. Dabei hatte sein Pferd einen *Hufnagel* verloren
. . . Das war alles. Ein kleines, *spitzes* Stück Eisen blieb auf der
Straße liegen. Stundenlang.

Erst gegen Morgen *bohrte es sich* in den linken *Vorderreifen*
eines silbergrauen Mercedes mit deutscher Nummer.

„*Verdammter Mist*'', sagte Karlo laut, als er merkte, daß da
etwas nicht in Ordnung war. Er *steuerte* den Wagen an den
Straßenrand, *schimpfte,* als er sich den *Schaden* besehen
hatte, schimpfte vor allem, weil er körperlicher Arbeit prinzipiell
abhold war und machte sich daran, den Schaden *zu beheben.*
Er *schaltete* die Rundum-*Blinkanlage ein*, stellte das dreieckige
Warnschild in *vorschriftsmäßiger* Entfernung hinter dem Wagen
auf, zog trotz der morgendlichen Kühle das Jackett aus, um es
nicht schmutzig zu machen, *krempelte verdrossen* die Ärmel
hoch und begann, den *Wagenheber* im Kofferraum zu suchen.
Karlo probierte die Schlüssel und hatte gerade den richtigen
gefunden, als der Polizeiwagen neben ihm hielt.

Einer der Polizisten stieg aus, grüßte freundlich und fragte
in *holperigem* Deutsch, ob Karlo Hilfe brauche.

„Nein, danke schön!'' sagte Karlo, die kleine *Angstübelkeit*
überwindend, die ihn *angeflogen war*, als der Polizeiwagen

Glossary (margin notes):

- the Brenner Pass
- to consider
- jewelry
- day break
- course
- farmer
- that is, i.e.
- intention
- undertaking
- evening traffic / farm wagon
- to cross / horseshoe nail
- pointy
- to bore, penetrate / front tire
- *curse:* damned luck
- to steer
- to curse / damage
- to be averse to / to correct
- to turn on / warning lights
- warning sign / prescribed
- to roll up / angered, vexed
- jack
- broken (in speaking a language)
- sickening fear
- had come over

gehalten hatte. Er erklärte, daß es ja nur das Rad sei, das er auswechseln müsse; danke schön, grazie, das könne er wirklich gut alleine . . . Dabei *klappte* er den Kofferraum *auf,* um den Wagenheber zu suchen. Er sah die Hand, die aus der *verschobenen* Reisedecke *ragte,* gleichzeitig mit dem Polizisten. Er stand da *wie vom Donner gerührt.* „Oh . . ." sagte der Polizist, stand auch schon am Wagen und zog die *karierte* Decke beiseite. Im gelblichen Licht der Kofferraumbeleuchtung wurde eine Frau *sichtbar.* Eine ältere Frau. Eine tote ältere Frau.

    „Mamma mia!" rief der Polizist, obschon die Tote keineswegs seine Mutter war, und griff zur Pistole.

    Das war *überflüssig.* Karlo griff sich ans Herz, atmete mühsam mit offenem Mund und *erstarrte* zur *Salzsäule.*

    Die tote alte Dame machte am übernächsten Tage zum dritten Male die Reise über den Brennerpass.

    Das erste Mal hatten die *verstörten* und *besorgten Nachkommen* ihre *sterbliche Hülle* geschmuggelt, um die *umfangreichen* Formalitäten und hohen Kosten zu *umgehen,* die ein offizieller Transport der im Urlaub verstorbenen Mutter und Schwiegermutter mit sich gebracht haben würde. Das zweite Mal, zurück in den Süden, hatte Karlo die Tote übers Gebirge *geschafft,* ohne zu *ahnen,* daß er so makabre Reisebegleitung hatte.

    Und das dritte Mal reiste die tote *Grenzgängerin* nun ganz legal, mit allen *erforderlichen* Papieren und *Stempeln versehen,* im *vorschriftsmäßigen Metallsarg* dem Kulmbacher Friedhof entgegen. Karlo Kunz konnte dem *Richter* glaubwürdig machen, daß er wirklich keine Ahnung gehabt hatte. So erhielt er nur zweieinhalb Jahre wegen Autodiebstahls und anderthalb Jahre wegen Autoschmuggels, was zu drei Jahren *Freiheitsentzug* zusammengezogen wurde.

    Karlo *schwor sich* in diesen drei Jahren, nie wieder ein Auto zu klauen—schon gar nicht eins mit großem Kofferraum.

    Und er ist, wie man hört, diesem *Vorsatz* auch treu geblieben, obschon er anfangs Schwierigkeiten gehabt haben soll, eine *geregelte* Arbeit zu finden. Er hat allerdings, und das wird der *Eingeweihte* verstehen, das *Angebot* eines *Bestattungsunternehmens,* dort als gut bezahlter Fahrer tätig zu werden, unfreundlich *abgelehnt.*

---

to open up

shifted / to extend
as if struck by lightning
checkered

visible

unnecessary
to become rigid, motionless / column of salt

distressed / concerned / offspring
mortal remains / extensive
to avoid

brought / to suspect

border crosser
necessary / stamp, seal / to provide
official / metal coffin
judge

imprisonment

to swear

intention

regular
the initiated, the one who knows / offer
undertaker

to decline, refuse

ÜBUNGEN

A. I. Express in German.

  1. Karlo Kunz stole an expensive car.
  2. In his profession he always figured on difficulties.
  3. The police had become more alert and technically better.
  4. When the owner of the car disturbed Karlo he had to run away.
  5. The previous evening Karlo was looking for a chance to earn some money.
  6. He sat an hour at Harry's Bar without finding anything.
  7. He was about to leave when Ali came.
  8. Ali told him that Rudi needed a large car for a good customer.
  9. Karlo found the car only half an hour later.

II. Answer in German.

  1. Was konnte Karlo Kunz nicht voraussehen?
  2. Welche Schwierigkeiten gehören zum Beruf des Maklers und des Gärtners?
  3. Worauf konnte sich Karlo in seinem Beruf einstellen?
  4. Wo suchte Karlo eine Verdienstmöglichkeit?
  5. Was berichtete ihm Ali?
  6. Was für ein Wagen wurde gesucht?
  7. Wann mußte der Wagen abgeliefert werden?
  8. Was fand Karlo eine knappe halbe Stunde später?
  9. Wie kam es, daß Karlo Kunz' Name schon an dem Wagen war?

III. Fill in the blanks with the requested forms of the verbs indicated.

  1. Er _____ (können) nicht alles voraussehen. (*pres., past*)
  2. Karlo _____ (rechnen) stets mit Schwierigkeiten. (*pres., pres. perf.*)
  3. Die Polizei _____ (werden) immer wachsamer. (*past, past perf.*)
  4. Es _____ (verschlagen) ihm die Sprache. (*pres., past*)
  5. Karlo _____ (beginnen) vor Angst zu zittern. (*pres. perf., fut.*)
  6. Er _____ (öffnen) den Kofferraum des Wagens. (*past, pres. perf.*)
  7. In Harry's Bierstube _____ (sitzen) er eine Stunde. (*pres., past*)

8. Ali _____ (sich freuen), ihn dort zu treffen. (*past, pres. perf.*)

9. Eine knappe Stunde später _____ (sehen) Karlo bereits den Wagen. (*pres., pres. perf.*)

10. Karlo _____ (beobachten), was vor sich _____ (gehen). (*pres., past*)

B. I. Express in German.

1. A middle-sized man got out of the car.
2. He wore a coat similar to Karlo's.
3. The man and his wife went for a walk.
4. The lady got her coat from the car.
5. After locking the car, he put the keys in his coat pocket.
6. Karlo called Rudi and told him about the car.
7. Karlo had enough money to reach Genoa.
8. The large car probably used a lot of gasoline.
9. Karlo hung his coat next to the coat of the man from Kulmbach.
10. He ordered a cola with rum and drank it in one gulp.

II. Answer in German.

1. Wie sahen die Leute aus, die aus dem Wagen stiegen?
2. Was wollte der Mann zuerst tun?
3. Was erzählte Karlo Rudi am Telefon?
4. Was stellte Karlo befriedigt fest?
5. Wohin ging das Ehepaar nach dem Spaziergang?
6. Was bestellte Karlo im Restaurant?
7. Warum war der Tischnachbar über Karlo erstaunt?
8. Womit verließ Karlo das Lokal?
9. Was lag im Handschuhfach des Wagens?

III. Form passive sentences.

1. Der Mann holt seinen Mantel vom Rücksitz.
2. Die Frau macht einen traurigen Eindruck.
3. Sie hängt ihren Mantel über die Schultern.
4. Karlo ruft den Rudi an.
5. Er behält den Hoteleingang gut im Auge.
6. Das Ehepaar nimmt zuerst Platz.
7. Der Herr an Karlos Tisch ißt Eisbein.
8. Der Kellner bringt seine Cola mit Rum.
9. Karlo braucht die schöne Straßenkarte nicht.

C. I.   Express in German.

  1. Karlo whistled quietly to himself.
  2. The rain had become heavier.
  3. The bored border guard casually waved him on.
  4. Karlo was approaching Innsbruck when the owner of the car came out of the restaurant.
  5. He looked around and shook his head.
  6. He pointed to the empty space where the car had stood.
  7. His wife clung to his arm and then fainted.
  8. The police report reached the border stations about two hours later.
  9. When the border guards read the report, they became alert.
  10. All Mercedes drivers were asked to open their trunks.

II.   Answer in German.

  1. Was machten die Beamten an der Grenze?
  2. Wo war Karlo, als das Ehepaar aus dem Restaurant kam?
  3. Wie wußte der Mann aus Kulmbach, daß sein Auto gestohlen war?
  4. Was rief die Frau aus, bevor sie in Ohnmacht fiel?
  5. Was wäre geschehen, wenn der Mann seine Frau nicht aufgefangen hätte?
  6. Bei welcher Vorstellung mußte der Polizeibeamte grinsen?
  7. Wann erreichte die polizeiliche Meldung die Grenzstationen?
  8. Wozu wurden die Mercedesfahrer an der Grenze aufgefordert?

III.   Supply the correct forms of the verbs beside the blanks in the tenses indicated.

  1. Karlo _____ (denken) an sein Glück und _____ (pfeifen) vor sich hin. (*past, pres. perf.*)
  2. Auf der österreichischen Seite _____ (geschehen) das gleiche wie auf der deutschen Seite. (*pres., fut.*)
  3. Der Kulmbacher _____ (wissen) nicht, wie weit Karlo mit seinem Wagen entfernt war. (*past, past perf.*)
  4. Sein Gesicht _____ (bekommen) harte Konturen. (*pres. perf., fut.*)
  5. Das Fahrzeug _____ (stehen) dort. (*past, past perf.*)
  6. Der Kulmbacher _____ (ansehen) den Mantel. (*pres., pres. perf.*)
  7. Seine Frau _____ (rufen) ,,O Mutti'' und _____ (fallen) in Ohnmacht. (*pres., fut.*)
  8. Der Polizeibeamte _____ (sich vorstellen) das Gesicht des Autodiebes. (*past, past perf.*)
  9. Die Grenzpolizisten _____ (lesen) den Bericht. (*pres., fut.*)

D. I. Express in German.

   1. Karlo smoked and ate chocolate while he was driving.
   2. He imagined what he would do with the money.
   3. The streets were empty and the villages were dark.
   4. He decided to look into the luggage at daybreak.
   5. The farmer Gozzi determined the further course of events.
   6. His horse lost a nail when he was crossing the road.
   7. The nail penetrated into the left front tire of Karlo's Mercedes.
   8. Karlo stopped the car and looked at the damage.
   9. He took off his jacket and rolled up his sleeves.
  10. A police car stopped beside him.

 II. Answer in German.

   1. Warum müßte Karlo noch ein paar Hunderter mehr bekommen?
   2. Was sollten Rudis italienische Partner nicht bekommen?
   3. Wo hatte der Pächter Gozzi seine Felder?
   4. Wann hatte er die Straße überquert?
   5. Was verlor sein Pferd?
   6. Warum schimpfte Karlo?
   7. Was für ein Wagen hielt neben ihm?
   8. Was suchte Karlo im Kofferraum?

III. Form questions from the following sentences by using the words in parentheses and eliminating the unnecessary elements.

   1. Karlo kaufte sich Schokolade. (was)
   2. Karlo beschloß das Gepäck zu durchsuchen. (was)
   3. Die Felder des Pächters lagen zu beiden Seiten der Straße. (wo)
   4. Sein Pferd verlor einen Hufnagel. (was)
   5. Karlo steuerte den Wagen an den Straßenrand. (wohin)
   6. Er schaltete die Blinkanlage ein. (was)
   7. Ein Polizeiwagen hielt neben ihm. (was)

E. I. Express in German.

   1. One of the policemen got out.
   2. Rudi opened the trunk and looked for the jack.
   3. He saw a hand extending from under a blanket.
   4. The policeman reached for his pistol.
   5. The old dead woman crossed the border for the third time.
   6. Karlo really had no idea about the dead lady.
   7. Karlo swore never again to steal a car with a large trunk.

II. Answer in German.

 1. Was fand Karlo im Kofferraum?
 2. Warum war es überflüssig, daß der italienische Polizist nach seiner Pistole griff?
 3. Warum hatte das Ehepaar die tote alte Frau im Kofferraum transportiert?
 4. Welche Strafe erhielt Karlo?
 5. Was schwor sich Karlo in seinen drei Jahren im Gefängnis?
 6. Welches Angebot lehnte Karlo unfreundlich ab?

III. Supply the correct forms of the verbs beside the blanks in the tenses indicated.

 1. Karlo _____ (erklären), daß er das Rad auswechseln müsse. (*pres., past*)
 2. Er _____ (aufklappen) den Kofferraum, um den Wagenheber zu suchen. (*fut., pres.*)
 3. Er _____ (stehen) da wie vom Donner gerührt. (*pres. perf., past perf.*)
 4. Der Polizist _____ (ziehen) die Decke beiseite. (*pres., past*)
 5. Karlo _____ (sich greifen) ans Herz. (*fut., pres. perf.*)
 6. Er _____ (atmen) mit offenem Mund. (*pres., pres. perf.*)
 7. Karlo _____ (erhalten) nur zweieinhalb Jahre wegen Autodiebstahls. (*pres., fut.*)
 8. Karlo _____ (bleiben) seinem Vorsatz treu. (*pres., pres. perf.*)

F. Form adjectives from the following nouns. Give the meanings of the adjectives.

 der Beruf _____
 das Ungeheuer _____
 der Staub _____
 der Überfluß _____
 die Ohnmacht _____
 der Raum _____
 die Vorschrift _____
 die Angst _____
 das Sterben _____
 der Vorsatz _____

G. Match the antonyms.

 stets   **1.** ungewöhnlich
 der Reihe nach   **2.** fehlerhaft
 tadellos   **3.** niemals

abliefern	**4.** einfarbig
verzichten	**5.** ausschalten
satt	**6.** abholen
üblich	**7.** begehren
der Tagesanbruch	**8.** hungrig
einschalten	**9.** die Abenddämmerung
kariert	**10.** alles durcheinander

H.   Find the word in the left column that best fits the definition in the right column.

wachsam	**1.** der Teil eines Autos, wo man Gepäckstücke ablegt
sich einstellen	
der Kofferraum	**2.** tadeln, ablehnen
das Kennzeichen	**3.** die Kostbarkeiten, Juwelen
annehmen	**4.** auf Gefahren achtend
verzichten	**5.** vermuten, voraussetzen
bestellen	**6.** sich ausruhen
mißbilligen	**7.** sich anpassen
entspannen	**8.** das Nummerschild eines Autos
der Schmuck	**9.** verlangen, anfordern
	10. eine Sache nicht mehr haben wollen

ZUR UNTERHALTUNG

Schriftliche Aufgabe: Schreiben Sie den Polizeibericht von Karlos Autodiebstahl.

Dialog: Karlo selber findet die Leiche in dem Kofferraum des Wagens, nachdem er schon in Italien ist. Schnell ruft er Ringfinger-Rudi an und erzählt es ihm.

Dialog: Das Ehepaar aus Kulmbach unterhält sich gerade, als es von dem Tod der alten Dame erfährt.

Dialog: Zwei Grenzpolizisten besprechen die seltsame Nachricht über den gestohlenen Wagen.

MEIN MIßRATENER SOHN

PAUL HENRICKS

Man *beschuldigt* mich, ein Mörder zu sein. Es *handelt sich* nicht etwa nur *um Gerede*, nein, die *Staatsanwaltschaft* hat allen Ernstes vor, *Anklage gegen mich zu erheben.* Wegen Mordes! Dabei habe ich in *Notwehr* gehandelt. Ich fühlte mich *bedroht.*

Ich bin *Prokurist* eines *Bankunternehmens*, verheiratet und kinderlos. Mit meiner Frau Lissi habe ich eine gute Ehe geführt. Wir haben uns *gegenseitig geachtet* und respektiert. *Wir haben Rücksicht aufeinander genommen.* Nur so ist es auch zu verstehen, daß wir siebzehn Jahre lang nicht über Artur gesprochen haben.

Ich glaube, es war Lissi bekannt, daß sie keine Kinder bekommen konnte, schon als wir heirateten. Ich kann *mich erinnern*, daß sie mich sehr *eindringlich* fragte, ob mir Kinder viel bedeuteten. Ich bin damals dieser Frage *ausgewichen*, habe sie wohl gar energisch *verneint*, denn ich hatte ein schlechtes *Gewissen.* Wegen Artur.

Es ist *sinnlos, ausführlicher* darüber zu sprechen, deshalb mach ich's kurz: Ich hatte einen Sohn, noch aus der Zeit, bevor ich Lissi *begegnet* war. Die Mutter starb kurz nach der Geburt. Wir waren nicht verheiratet gewesen. Das Kind kam in ein Heim. Bald darauf heiratete ich Lissi. Sollte ich ihr *zumuten*, ein fremdes Kind *aufzuziehen*? Ich habe es versucht, immerhin, ich habe es versucht. Auch insofern habe ich mir nichts *vorzuwerfen.* Lissi *reagierte heftig.* Man muß sie verstehen. Zu wissen, daß sie selber kein Kind bekommen konnte, zu erfahren, daß ich ein Kind von einer anderen hatte. Fast kam es zum *Bruch* zwischen uns. Ich mußte ihr *versprechen*, das Kind im Heim zu lassen, es niemals auch nur mit einem Wort zu *erwähnen.* Wozu wäre ich damals nicht bereit gewesen! Das Kind blieb tabu, siebzehn Jahre lang, bis Lissi eines Tages, ganz plötzlich, davon zu sprechen begann.

„Ich *begreife* eigentlich gar nicht, daß du es *fertiggebracht* hast, es ins Heim zu geben."

„Nun *hör* aber *auf*", sagte ich, „*schließlich* habe ich es *deinetwegen* getan."

„Du hättest nicht auf mich hören dürfen. Ich war damals noch sehr *unreif.* Gerade achtzehn. Wir haben uns falsch *verhalten*, Erich. Wir hätten *uns* um das Kind *kümmern* müssen."

„Du hast mich davon *abgehalten.*"

„Aber ich sehe ein, daß es falsch war. Man muß sich doch

---

to accuse / to be a matter of

talk, gossip / state prosecutor

to bring an indictment against me

(self-) defense / threatened

manager / bank

mutually / to esteem, to show consideration for one another

to remember / urgently

to evade

to deny

conscience

senseless / more extensively

to meet

to expect

to raise

to reproach / to react / violently

break / to promise

to mention

to understand / to manage

to stop / after all / for your sake

immature / to behave

to look after

to hinder, stop

korrigieren können. Wir wollen *es wiedergutmachen*. Und ich | to compensate for
denke dabei auch an uns. Wir brauchen eine gemeinsame
Aufgabe. Man kann nicht so viele Jahre lang nur miteinander
leben. Einen Menschen haben, der einen braucht, Erich, das
ist ein neuer Impuls.'' So also sah sie es jetzt. Wir sollten uns
nicht nur um das Kind kümmern, nein, wir sollten es sogar zu
uns nehmen. Das Kind . . . Lissi sprach immer von dem ‚Kind'.
Inzwischen waren siebzehn Jahre *vergangen*. | to pass

„Ar-tur.'' Mir ging der Name anfangs richtig schwer über
die *Zunge*. Als wir mit dem Wagen unterwegs waren, um ihn | tongue
abzuholen, sprach ich ihn zum erstenmal aus. Wir hatten vorher unseren Plan, oder besser Lissis Plan, ausführlich disku-
tiert, aber dabei den Namen *vermieden*. | to avoid

„Artur'', sagte ich. „Gefällt dir der Name eigentlich?'' Sie
zuckte mit den Achseln. | to shrug the shoulders

„*Ich bin gespannt auf ihn*. Was wird aus so einem Jungen? | I am looking forward to seeing him.
Im Heim . . . ohne Elternhaus . . . .''

„Bestimmt kein *Muttersöhnchen*! Er ist nicht zum erstenmal | mamma's boy
ausgerissen. Hört, daß wir ihn zu uns nehmen wollen, packt | *slang:* to run away
seine Sachen und *haut* einfach *ab*.'' Ich *empfand* wohl | *slang:* to beat it, scram / to sense
tatsächlich darüber so etwas wie *Vaterstolz*. Mein *mutiger*, vi- | fatherly pride / courageous
taler Sohn! Na, ja.

Man hatte ihn in der Nähe von Hamburg *aufgegriffen*. | *slang:* to pick up
Schon nach acht Tagen. Wir konnten uns die weite Fahrt zum
Heim sparen und ihn in Hamburg auf dem *Jugendamt* abho- | juvenile office
len. Sämtliche Formalitäten waren bereits *erledigt*. Das | completed
Jugendamt hatte ihn den einen Tag bis zu unserer Abreise
festgesetzt. Im *Jugendgefängnis*, behauptete er später. | held / juvenile prison

Es war kein guter Anfang.

Ich hielt es für das beste, so zu tun, als wäre unsere erste
Begegnung gar nichts Besonders. Und Lissi machte mit. Lissi
gab sich überhaupt *erstaunlich* natürlich. | surprisingly

Wir gingen in ein Restaurant, und ich *bestellte* eine Flasche | to order
Sekt. Artur wollte Bier. Er „*stand auf Bier*'', wie er es *aus-* | *slang:* insisted on beer / to
drückte. „Höchste Zeit, daß ich da raus bin'', sagte er. „Die | express
behandeln einen wie einen Kriminellen. Bloß die *Handschel-* | to treat
len haben noch *gefehlt*.'' Viel Freude war ihm nicht *anzu-* | handcuffs / to be missing
merken. Wen konnte es wundern. Plötzlich seinem Vater *ge-* | to be noted
genüberzustehen, der siebzehn Jahre lang nichts für seinen | to stand opposite
Sohn getan hat, als die *Unterhaltskosten* zu *überweisen*. | living costs / to transfer (funds), pay
Lissi hatte sich so gesetzt, daß sie uns beide *gleichzeitig* | simultaneously

ansehen konnte. „Meine beiden Männer,'' sagte sie. „Laß dich anschauen, Artur. Gut siehst du aus.''

Ich gab mich ein bißchen stolz. „Na, er ist ja auch mein Sohn!'' „Aber *Ähnlichkeit* habt ihr nicht miteinander.'' *Da war es heraus.* Eine *Feststellung*, die für uns immer mehr Bedeutung gewinnen sollte. Normalerweise ist es nicht weiter wichtig, ob Ähnlichkeit zwischen Eltern und Kindern festzustellen ist. Man beobachtet ein Spiel der Natur, eine Variation auf die eigene Person. Aber Artur hatte tatsächlich keinerlei Ähnlichkeit mit mir. Dabei sah er nicht schlecht aus. Ich konnte *mir vorstellen,* daß er auf Frauen *wirkte.* Er hatte so eine gewisse *Ausstrahlung* . . . Wie soll ich es formulieren? Sein Äußeres . . . eine enge Hose, *verschlissen,* ein breiter *Ledergurt* mit *Messingschnalle.* Einen *Anpassungsprozeß* würde er noch durchlaufen müssen. Langes Haar, nun ja, man hat sich daran gewöhnt, aber es hing ihm bis über die Schultern. Dunkles, glattes Haar. Ich habe helles Haar, und auch seine Mutter . . . . Auch ich konnte keinerlei Ähnlichkeit feststellen.

„Am Anfang wird es dir sicher nicht ganz *leichtfallen,* uns als deine Eltern anzusehen. Immerhin zwei fremde Menschen.''

„Na ja, als ich das zuerst hörte'', er lachte. „Der Alte, Menschenskind. Siebzehn Jahre hat er *sich nicht blicken lassen.* Siebzehn Jahre Heim und dann auf einmal in eine Familie. Da ist was Komisches los, hab ich gedacht. *Da machste lieber 'ne Fliege.''*

Seine *Sprechweise* . . . Ich habe mich nie daran *gewöhnt.* Er hat sich uns nicht *angepaßt.* Auch hierin nicht.

„Wir werden einiges *zurechtbiegen* müssen.'' Darüber waren Lissi und ich uns klar. Lissi hatte in diesem Punkt stärkere *Bedenken* als ich. „Hoffentlich ist es noch nicht zu spät. Siebzehn Jahre *Heimerziehung.* Die *Umwelt* ist doch sehr wichtig, in der so ein Junge aufwächst.''

„Gewiß, die Umwelt spielt eine Rolle, aber das *Erbgut* oder die *Anlagen,* die sind *auf die Dauer entscheidender.''*

Wir waren sehr *nachsichtig* mit Artur. Ich verlor manchmal die *Geduld,* aber Lissi brachte mich dann wieder zur Vernunft, wie sie es nannte: „Vergiß nie, du hast an ihm etwas gutzumachen.''

„Wir!''

„Wir werden gemeinsam gutmachen, was du *verschuldet*

---

similarity / There it was out.

remark, assessment

to imagine / to have an effect

attraction, personality

worn / leather belt

brass belt buckle / adaptation phase

to be easy

to let oneself be seen, show up

machste = machst du / *slang:* you'd better make yourself scarce

way of talking / to accustom oneself / to adjust

to straighten out

reservation

upbringing in a home, orphanage / environment

hereditary disposition talents / in the long run / more decisive

indulgent

patience

to be guilty of

hast." Das *betonte* sie mehr als einmal. Überhaupt hatte ich   to emphasize
manchmal das Gefühl, daß sie in mir ein schlechtes Gewissen
erwecken wollte. Zum Beispiel, wenn sie das Gespräch auf
Arturs Mutter brachte. „Artur hat mit dir keine Ähnlichkeit.
Aber ein Kind muß nicht immer *nach dem Vater geraten.* Wie   to take after the father
war die Mutter?"

„Warum sollen wir darüber reden?"

„Wenn du die *Erbanlagen* für so wichtig hältst?"   hereditary inclinations

Was sollte ich sagen. Ich konnte mir Arturs Mutter kaum
noch vorstellen. Alle Fotos hatte ich auf Lissis Wunsch ver-
brennen müssen. Siebzehn Jahre sind eine lange Zeit.

„Woran ist sie gestorben?"

„Weiß ich nicht. *Hing* noch mit der Geburt *zusammen.*"   to be connected

„Du hast dich gar nicht dafür interessiert?"

„Es hing mit der Geburt zusammen! Ich bin darin kein *Fach-*   expert / difficulties
mann. Sei froh, daß *du* damit keine *Schwierigkeiten* hast."

Das war nicht sehr taktvoll. Ich wollte sie *verletzen.* Weil sie   to hurt
auch mich verletzen wollte. Ich hatte das Mädchen damals
nicht geheiratet. Was sollte ich aber anderes tun? Wäre es in
Ordnung gewesen, das Mädchen zu heiraten, obwohl ich es
gar nicht liebte? Nur weil ein Kind unterwegs war? Ich hatte
Lissi kennengelernt. Ich liebte Lissi. Ich habe sie keineswegs
wegen ihres Geldes geheiratet. Obwohl es schon seine *Vorteile*   advantage
hat, eine Frau zu heiraten, die etwas mit in die Ehe bringt. Und
Lissi brachte etwas mit. Wir konnten uns ein sehr schönes
Haus bauen und uns den *äußeren Rahmen schaffen,* ohne   external / frame / to provide
den ich wahrscheinlich nicht so früh Prokurist geworden wäre.
Der Rahmen, in dem man lebt, ist auch für das *berufliche*   professional advancement /
Fortkommen mitentscheidend. Aber deshalb habe ich Lissi   significant
nicht geheiratet, auch wenn es mir seinerzeit *unterstellt* wurde.   to impute

Unser Haus, der Garten, mein Wagen . . . ich war auf Arturs
Reaktion gespannt. Aber er tat, als ginge es ihn gar nichts an.
Sein Zimmer, die *Möbel* darin, Kleidung, alles *sorgfältig* und   furniture / carefully
mit *Geschmack* ausgesucht. Die Hosen und Pullover, die bei-   with taste
den *Anzüge, er hat sie keines Blickes gewürdigt.* Sie hängen   suits / he did not condescend
wohl noch heute ungetragen im Schrank. Artur trug Jeans.   to look at them
Später schenkte Lissi ihm eine schwarze Lederhose. Dazu trug
er mit Vorliebe eine *Felljacke,* die er sich selber aus *Kanin-*   fur jacket
chenfellen zusammengeflickt hatte.   rabbit fur / patched together

„Und die Möbel gehören mir? oder sagst du das bloß so?"
Seine erste Frage.

„Gewiß, das sind deine Möbel."

„Das ist hier auch mein Zimmer, aber deshalb gehört's mir nicht. Ich meine, kann ich die Möbel *mitnehmen*, wenn ich weider abhaue? In meine eigene *Bude,* meine ich. Kann ich da die *Möbel* mitnehmen?" Ich freute mich über die Frage. Sinn für Besitz hatte er also doch. Das war immerhin *ein gemeinsamer Bezugspunkt* für uns.

Lissi erklärte es anders. „Wenn jemand noch nie ein eigenes Zimmer gehabt hat, immer nur einen Schlafplatz, da kann man schon verstehen, daß es ihm viel bedeutet, etwas Eigenes zu besitzen. Die Umwelt ist eben sehr entscheidend, in der so ein Junge aufwächst."

So sah sie es, und so erklärte sie alles.

Einmal fragte Artur mich nach seiner Mutter. Wahrscheinlich war ihm klar, daß er mich damit *quälen* konnte. „Was war denn mit ihr?" fragte er. „Magste nicht darüber sprechen, was?"

„Es ist siebzehn Jahre her. Sie ist gleich nach deiner Geburt gestorben."

„Da hattste sie aber schon *sitzenlassen*?"

„Etwas mehr Takt, Junge, ja? Eine Ehe *aufbauen* auf ein Kind, das man nicht gewollt hat . . . ."

„ . . . und wenn dann auch noch kein Geld da ist . . . ."

„Woher willst du das wissen?"

„Hab ich mir so gedacht."

„Auf Geld sollte sich eine Ehe noch viel weniger *gründen*."

„Und worauf gründet eure sich?"

„Hör mal, Junge, ich kann es dir nicht *übelnehmen*, wenn du noch nicht immer den richtigen Ton findest. Aber ein bißchen Mühe mußt du dir schon geben. Wir *verlangen* keinen Dank . . ."

„Dochdochdoch . . . vielen Dank."

Artur blieb mir fremd. Wenn ich einmal ein paar Worte mit ihm *wechselte*, nahm das Gespräch bald eine negative *Wendung*.

Etwas wirklich Beunruhigendes kam ans Licht, als Artur etwa drei Wochen bei uns war. Er war nicht allein aus dem Heim *ausgerückt*, sondern hatte einen *Altersgenossen* mitgenommen. Beim *Trampen* in Richtung Norden hatten sie sich verloren, wie Artur *angab*. Wir hatten uns weiter nicht darum gekümmert, und auch Artur schien sich für das *Schicksal*

---

to take along

slang: room

a common point of reference

to torment

to walk out on

to establish, base

to found

to be offended by

to demand

to exchange / turn

to run away / person of the same age
hitchhiking
to state, claim
fate

seines *Begleiters* nicht zu interessieren. „Der kommt schon durch", sagte er.

Jetzt hatten sie ihn aber doch gefunden. Tot. Ertrunken in einem See. Und Artur war dabeigewesen!

Man fand die Kleider des Ertrunkenen am Ufer versteckt, darin seinen *Ausweis*. *Zeugen meldeten sich*, die zwei Jungen im See hatten schwimmen sehen. Etwas später sei einer allein zur Straße gegangen. Ledergurt mit Messingschnalle, dunkles, sehr langes Haar, sie wußten es genau. Der andere war hellblond. Wie ich. Aus dem Ausweis *ergab sich*, daß der Tote derjenige war, der mit Artur aus dem Heim ausgerissen war. Artur war *überführt*. Er war dabeigewesen. Ich stellte ihn zur Rede.

„Besser, du hättest es gleich *zugegeben*."

„Was heißt hier zugeben?"

„Daß er ertrunken ist und daß du dabei warst."

„Warum denn? Das ist doch längst vorbei. Hätt ich ihn auch nicht wieder lebendig gemacht. Und mich hätten sie *geschnappt*, und dann ab ins Heim."

„Uns hättest du es wenigstens sagen müssen."

„Menschenskind, wozu denn? Wär doch Scheiße gewesen. Das zur *Begrüßung*."

„Aber man läßt nicht einfach jemanden ertrinken und macht sich stillschweigend davon."

„Mensch, wenn der mitten im See einen Krampf *kriegt*, oder was weiß ich, und einfach *absackt*, was soll ich denn da machen? Ich war schon wieder am Ufer. Das können doch die *bezeugen*, die uns gesehen haben."

„Die haben nur gesehen, daß ihr zusammen in den See hinausgeschwommen seid, mehr nicht."

„Wie sollte ich ihm denn helfen, verdammt noch mal! Konnte ich gar nicht. War ein verdammt schlechtes Gefühl, kann ich dir sagen." Wir mußten ihm glauben, wir und die *Beamten* von der Kriminalpolizei. Die Sache war erledigt. Aber mich *ließ* sie nicht *los*. „Was war er für ein Junge?" fragte ich Artur.

Er sah mich *mißtrauisch* an. „Wozu willste das wissen?"

„Immerhin war er dein Freund."

„Was willste denn wissen, verdammt noch mal? Haare blond, ungefähr so groß wie ich . . . Erwin! Erwin hieß er.

---

companion

identification card / witness / to report

it was proven

to find guilty

to admit, confess

slang: to catch

greeting

slang: to get
slang: to sink

to attest

officials
to let loose

distrusting, suspicious

Guter *Kumpel*. Was soll's noch. Ich weiß überhaupt nicht, *was das noch soll*. Menschenskind, *laß mich doch in Ruh* damit!'' Er rannte weg, schlug die Tür hinter sich zu.

Artur machte mir Sorgen. Lissi *nahm ihn in Schutz*, wo es nur ging. Für alles hatte sie eine *Entschuldigung*. Seine Kleidung, seine Sprechweise, die *Typen*, die er uns ins Haus *schleppte* und die manchmal ganze Nächte in seinem Zimmer *herumhockten*. Die laute Musik, die durch die *Türen drang*. Er nahm keine Rücksicht. Er nahm keinerlei Rücksicht.

Und vor allem: Was sollte aus ihm werden? In die Schule konnten wir ihn nicht schicken, dafür war er zu alt. Fürs *Gymnasium* hätte es sowieso nicht gereicht. Lissi *schlug vor*, ihn auf der Bank als *Lehrling* unterzubringen. Er hatte nur *Volksschulabschluß*. Trotzdem hätte ich ihm natürlich eine *Lehrstelle verschaffen* können. Aber konnte ich die *Verantwortung* für ihn übernehmen? Das *Risiko* war zu groß. Jemand, durch dessen Hände täglich Geld geht, muß charakterlich sehr *gefestigt* sein. Vielleicht eine praktische Lehre? Als Radiomechaniker? An Radios war er anscheinend interessiert. Aber er lachte nur über meine Vorschläge. Keinerlei Pläne für die *Zukunft*. Als ich in seinem Alter war, Herrgott, was hatte ich da für Pläne! Er war anders als ich.

Lissi fand für alles eine Erklärung. „Wir haben ihn nicht *großgezogen*. Wie kann er da sein wie du?''

„Trotzdem, bestimmte Anlagen müßten sich *vererbt* haben. Aber, wenn ich ehrlich sein soll, ich finde keine. Dabei müßte man doch irgendwas *spüren*, eine innere *Beziehung*. Vater–Sohn . . . aber da ist nichts.''

„Du erwartest zuviel. Stimme des Blutes, du, das gibt es eben nicht. Er ist ein Produkt seiner Umwelt.''

„Hast du . . .'' Ich zögerte. „Hast du ihn mal *verglichen* mit dem Foto in seinen Papieren aus dem Heim?''

„Ein Kinderbild.''

„Er hat sich *auffällig verändert*, finde ich. Auffällig.''

„So zwischen zwölf und siebzehn, da verändert sich ein Junge nun mal.''

„Gewiß, gewiß. Und das lange Haar, das *entstellt* natürlich auch. Auf dem Foto sieht er noch ganz menschlich aus.''

Das Foto *beschäftigte* mich mehr, als ich es Lissi gegenüber zugab. Ich betrachtete es immer wieder. Das sollte Artur sein?

---

slang: buddy

what's intended by this / leave me in peace

to defend

excuse

slang: characters

slang: to drag

slang: to sit around / to penetrate

college preparatory high school / to propose / apprentice

completion of elementary school / apprenticeship / to procure / responsibility / risk

solid, firm

future

to raise

to inherit

to sense / relationship

to compare

noticeable / to change

to distort

to preoccupy

Das Haar schien mir viel heller, und der Mund . . . aber das Foto war nicht sehr scharf und wohl fünf Jahre alt.

Einen *Abzug* eines Fotos, das ich von Artur gemacht hatte, schickte ich mit einem Schreiben an das Heim, in dem Artur aufgewachsen war. Lissi war zwar *der Meinung*, dies sei *unsinnig*, mußte aber zugeben, daß ein kurzer *Bericht* über Arturs *Entwicklung* sicher mit Interesse aufgenommen würde. Weshalb sollte ich nicht ein Foto von ihm beilegen?

copy

opinion / nonsense

report

development

Wir erhielten bald darauf von der Heimleitung eine Antwort. Sie *klang* etwas *merkwürdig*, wenigstens hatte ich den Eindruck. Ich muß zugeben, daß damals *allmählich* bei mir der *Verdacht entstand*, den ich anfangs gar nicht zu formulieren *wagte*. Das Schreiben lautete: „Es freut uns, daß Artur ein Zuhause gefunden hat und nun das erfährt, was ihm hier nicht gegeben werden konnte. Das Foto zeigt, wie wohl es ihm geht. Er ist gar nicht *wiederzuerkennen*. Wir freuen uns mit Ihnen . . .'' und so weiter.

to sound / strange

gradually

suspicion / to arise

to dare

to be recognized

„. . . gar nicht wiederzuerkennen.'' Und in seinen Papieren war nur das Kinderbild, auf dem er ebenfalls nicht wiederzuerkennen war. Dazu seine seltsame Reaktion auf die Sache mit Erwin. Wenn Artur nun gar nicht Artur war? Wenn der Ertrunkene, Arturs Kumpel, wenn der nun der echte Artur gewesen wäre. Wenn es sich gar nicht um einen *Unfall* gehandelt hätte. Ich wagte den Gedanken kaum zu Ende zu denken. Und ich *scheute mich* auch, mir *endgültige Sicherheit* zu verschaffen. Das wäre nur durch eine Fahrt mit Artur in sein ehemaliges Heim möglich gewesen. Konnte ich ihn dazu bringen? Mußte er nicht meine *Absicht* durchschauen? Und was dann? Ich hatte allen Grund, vor ihm *auf der Hut zu sein*. Ich fühlte mich nicht mehr sicher. Nur deshalb nahm ich meine *Schußwaffe* aus dem Schreibtisch meines Büros in der Bank und legte sie zu Hause in die *Nachttischschublade*.

accident

to be afraid / final / certainty

intention

to be on one's guard

weapon

drawer of a night table

Artur mußte aus dem Haus. Er war noch *minderjährig*, aber in einem Lehrlingsheim konnte ich ihn unterbringen, irgendwo, möglichst weit weg. Er sollte eine gute *Ausbildung* erhalten. In dieser *Hinsicht* wollte ich mir keinerlei *Vorwürfe* machen. Sein Kommentar: „Lehrling? Wieder in ein Heim? Wohl verrückt, was? Nichts für mich. Ich suche mir einen Job.''

minor

training, education

regard / reproach

„Einen Job? Wie stellst du dir das vor? Ohne vernünftigen Schulabschluß, ohne Lehre. Was sollte das wohl für ein Job sein?''

Er *setzte eine überlegene Miene auf.* „Ach, das verstehst du   to put on a superior expression
nicht. Du hast bestimmt deine Erfahrungen, streite ich dir gar
nicht ab. Aber was so außerhalb von deinem *Umkreis los ist*   surroundings / to be happening
. . . das verstehst du irgendwie nicht. Das habe ich aber ken-
nengelernt. Ich bin ein paarmal *auf Tour* gewesen. Da lernst   on the road
du Sachen . . . mein lieber Mann.''

„Na, was denn so zum Beispiel?''

„Na, wie man mit einem *Schlagring umgeht* oder mit einem   brass knuckles / to use
Messer, oder auch mit einer Pistole. Oder Karate. Ich kenn da
ein paar *Griffe.''*   holds

„Und darauf willst du dir eine Existenz aufbauen? Mein
armer Junge. Weißt du, wo du damit landest?''

„Im *Knast,* was? Auch nicht viel was anderes als ein Heim.   *slang:* prison
Da kenn ich mich aus. Was da los ist . . . da mußt du dich
durchsetzen. Da faßt dich keiner mit *Samthandschuhen* an.   velvet gloves
Manchmal hat man auch gute Kumpel, dann ist es wieder *ganz*   *slang:* really great
dufte. Hier bei euch, das ist . . . das ist nicht das Leben, verstehst du?''

„Ja, raus mußt du schon. Das will ich ja gerade erreichen.
Im normalen Leben braucht man zwar kein Karate und auch
keinen Schlagring und kein Messer, aber gekämpft wird auch.
Da geht's um Sein oder Nichtsein. Und wenn du nichts *leistest,*   to accomplish
dann wirst du nichts, dann gehst du unter.''

„Wer sagt dir denn, daß ich was werden will? Ich will leben!'' Arturs Vorstellungen vom Leben . . . Schlagring, Messer, Karate, ich hatte es mir wohl *gemerkt.*   to note

Als Lissi die Waffe in meiner Nachttischschublade ent-
deckte, sah sie mich halb *ungläubig,* halb *belustigt* an. „Hast   unbelieving / amused
du Angst vor *Einbrechern?''*   burglars

„Wer weiß.''

„Nein, im Ernst. Früher hast du doch auch keine Pistole im
Nachttisch gehabt.''

„Früher waren auch andere Zeiten.''

„Wenn Arturs Freunde ein bißchen wie Rocker aussehen,
müssen sie deshalb kriminell sein?''

„Sie müssen nicht, sie können.'' Ich verschwieg, daß ich
mich nicht nur durch Arturs Freunde bedroht fühlte, sondern
vor allem durch Artur selber. Vielleicht ahnte Lissi es. Ich hatte
versucht, mit ihr über meinen Verdacht zu sprechen, aber sie
ging einfach nicht darauf *ein,* schob alles auf mein *Unvermögen,*   to consider / inability
zu einem guten Verhältnis mit Artur zu *gelangen.*   to attain

Niemand kann mir einen Vorwurf daraus machen, daß ich die Waffe mit nach Hause brachte. Ich brachte sie nicht mit, um sie zu benutzen. Ich brachte sie mit, um mich und Lissi im *Notfall* damit zu schützen.

Lissi hörte das *Geräusch* unten in der *Diele* zuerst. Sie *rüttelte* mich am Arm, ich war wohl schon eingeschlafen. Ich dachte natürlich zuerst an Artur. Aber Artur würde Licht machen. Unten war jemand, der sich sehr *behutsam* bewegte, dazu noch im Dunkeln. Ich *tastete* nach der Waffe in der Nachttischschublade. „Einer von Arturs Freunden. Ich hab dir's ja gleich gesagt. Sieht sich ein bißchen um, was er mitnehmen kann."

Was sollte ich anderes *vermuten?* Lissi faßte mich besorgt am Arm. Ich *beruhigte* sie. „Höchstens ein *Warnschuß.* Bekomm keinen Schreck. Ich ziele gegen die Decke." Ich kann mich genau an meine Worte erinnern, und auch Lissi wird sie *bestätigen* müssen.

Leise stand ich auf, immer in der Vermutung, unten sei ein Fremder, ein Einbrecher, trat an die *Brüstung* über der Diele und nahm unten tatsächlich einen Schatten wahr. Ich rief: „Halt! Stehenbleiben!" Und noch einmal: „Halt, oder ich schieße!" Die *Gestalt huschte* zur Seite, wie mir schien, und ich schoß. Gegen die Decke. Wie *beabsichtigt.* Das *Geschoß* konnte den Mann gar nicht treffen. Es war nicht meine Absicht, jemanden zu töten. Ich sagte es schon. Dem *Schuß* folgte ein Schrei. Kein Schmerzensschrei! Schreck, *Empörung.* „Bist du verrückt geworden! Schießt der Kerl auf mich!" Artur. Er *polterte* die Treppe *herauf.*

Ich beruhigte Lissi. Nichts war passiert. „Nur ein Warnschuß. In die Decke. Das Loch *gipse* ich morgen wieder zu."

Artur schrie mich an: „Du hast wohl auch Gips vor den Augen, was? Seit wann hast du denn so eine Pistole? *Hätt ich dir gar nicht zugetraut.* Gib mal her!"

Er wollte mir die Waffe aus der Hand *winden.* Ich trat zurück. „Hände weg! Ich habe dich nicht erkannt. Um diese Zeit. Ohne Licht. Kommst du oder gehst du?"

„Ich hau ab. Ihr wollt doch, daß ich abhaue."

Ich muß *mich* jetzt *bemühen,* genau zu berichten. Nur dann wird klarwerden, daß jeder Vorwurf gegen mich unhaltbar ist. Artur sah mir direkt ins Gesicht. „Deinen Sohn bist du los. Wenigstens bis auf weiteres. Aber freut euch nicht zu früh.

Margin glossary:

emergency

sound / hall
to shake

carefully
to feel for, reach for

to suspect
to calm / warning shot

to confirm

railing, balustrade

figure / to dart
to intend / bullet

shot
indignation

to storm up

to plaster

I never thought you had it in you.

to twist

to attempt, try hard

Irgendwann komm ich zurück. Ob's euch *paßt* oder nicht. Und redet euch nichts Falsches ein. Ich bin der Artur. Auch wenn ihr's gern anders hättet. Ich weiß, daß du es doch gern hättest, daß eines Tages rauskommt, ich bin gar nicht der Artur, ich bin der andere, der Erwin, und der Artur ist *abgesoffen.* So hättest du es doch gern, was? Aber damit ist nichts, mein Lieber. So leicht wirst du mich nicht los. Ich bin der Artur. Du mußt mich schon abschießen, dann bin ich's gewesen.''

to suit

slang: to drown

Wieder trat er einen Schritt auf mich zu, drohend . . . Instinktiv hob ich die Hand mit der Waffe. Er mußte es bemerken, er hätte erkennen müssen, daß ich mich bedroht fühlte. Statt dessen setzte er seine Haßtirade fort: „Ich bin der Artur. Hast dir was Besseres vorgestellt, wie? Aber was erwartest du denn von einem aus dem Heim? Du hast mich reingesteckt, weil es dir so paßte, du hast mich rausgeholt, weil es dir so paßte. Gut, daß ihr nicht früher darauf gekommen seid. Wenn ihr mich gleich in die Finger gekriegt hättet . . . was dann wohl aus mir geworden wär? Irgend so ein *blöder* Kerl. Froh bin ich!''

stupid

Das war nun der Dank. Was hätte ich denn anderes tun sollen, als ihn in ein Heim zu geben? Hatte ich nicht für seinen *Unterhalt* gesorgt, war ich nicht bereit, seine Ausbildung zu bezahlen, hatte ich ihn nicht sogar als Sohn aufgenommen? Und er *verspielte* diese Chance!

support, room and board

to lose, throw away

Ich habe nicht auf ihn *gezielt.* Ich hatte die Waffe erhoben. Aber es war mehr eine instinktive *Abwehrbewegung,* ich sagte es schon. Ich gebe zu, daß ich aufs äußerste erregt war. Aber ich wollte nicht auf ihn schießen. Obwohl seine Worte für mich immer *unerträglicher* wurden.

to aim

defensive movement

unbearable

„Schieß mich doch ab!'' schrie er. „*Bring* mich *um,* wie du meine Mutter umgebracht hast!''

to kill

„Sie ist gestorben, an deiner Geburt!''

„Das weiß ich besser, du. Erst hast du sie sitzenlassen, weil du Lissi hattest, und die hatte mehr Geld, und deshalb hat meine Mutter sich . . .''

„Raus aus meinem Haus!'' schrie ich. Er durfte es nicht aussprechen. Nicht vor Lissi. *Unerträglich!* Arturs Mutter hatte sich umgebracht, jajaja. Ich gebe es zu. Aber war es meine Schuld? Ich hatte mich bereit erklärt, für das Kind zu sorgen. Ich liebte sie nicht, oder doch nicht genug, um eine Ehe darauf zu gründen. Ich hatte Lissi kennengelernt. Ich habe sie nicht

unbearable

des Geldes wegen geheiratet. Wir haben eine gute Ehe
geführt, all die Jahre. Bis Artur ins Haus kam. Ich konnte es
nicht *ertragen*, die Wahrheit aus seinem Mund zu hören.   *to endure, bear*

  „*Aufgehängt* hat sie sich!" schrie er. „Aufgehängt, du   *to hang*
Schwein! Weißt du, was du dafür verdienst?"

  Er trat dicht an mich heran. Ich konnte nicht mehr weiter
zurückgehen. Seinen Atem fühlte ich auf meinem Gesicht.
„Aufgehängt hat sie sich!" Er holte aus, drückte mit der anderen Hand meinen rechten Arm herunter, der die Waffe hielt. . . .

  Ich habe nicht auf ihn gezielt. Der Schuß *löste sich,* ohne daß   *to fire*
ich es wollte. Artur *sackte* in sich *zusammen.* Unwirklich, das   *to collapse*
Ganze. Ich, Prokurist einer angesehenen Bank, mit einer Waffe
in der Hand, der Teppich *färbte sich* rot. Das hatte Artur aus   *to color itself, dye itself*
mir gemacht. Er war schuld, nicht ich.

  Die Polizei *behauptet,* ich hätte zwei Schüsse abgegeben.   *to claim*
Ich weiß es nicht. Man wirft mir sogar vor, daß ich den
tödlichen Schuß überhaupt erst abgegeben hätte, als Artur
schon am Boden lag. Man *stützt sich* auf ballistische Unter-   *to rely on / experts*
suchungen. *Gutachter* können *irren.* Selbst wenn man mich   *to be wrong, err*
beschuldigt, ein Mörder zu sein, bin ich es nicht. Artur war an
allem Schuld.

ÜBUNGEN

A. I. Answer in German.

  1. Wieviele Jahre war der Erzähler verheiratet?
  2. Warum wurde Artur in ein Kinderheim gebracht?
  3. Wer wollte Artur aus dem Heim holen?
  4. Warum war der Erzähler ein wenig stolz, daß Artur aus dem Heim ausgerissen
     war?
  5. Sahen sich Vater und Sohn ähnlich? Beschreiben Sie sie.
  6. Warum wußte der Erzähler nicht mehr, wie Arturs Mutter ausgesehen hatte?
  7. Warum hatte er Arturs Mutter nicht geheiratet?
  8. Welchen Vorteil hatte dem Erzähler die Ehe mit Lissi gebracht?
  9. Wie kleidete sich Artur am liebsten?

II. Change into indirect discourse, using the introductory clause: Er sagte, . . .

    1. Ich habe eine gute Ehe mit Lissi geführt.
    2. Ich will nicht unbedingt Kinder haben.
    3. Ich hatte einen Sohn von einer anderen Frau.
    4. Meine Frau kann keine Kinder bekommen.
    5. Wir haben Artur siebzehn Jahre nicht erwähnt.
    6. Ich habe Artur deinetwegen in ein Heim gegeben.
    7. Du hast mich davon abgehalten.
    8. Der Name Artur hat ihm nicht besonders gefallen.
    9. Artur will nur Bier trinken.
  10. Die Umwelt spielt gewiß eine Rolle.

III. Form passive sentences.

    1. Wir erwähnten Artur nie.
    2. Wir hatten Lissis Plan ausführlich diskutiert.
    3. Man hatte Artur in Hamburg aufgegriffen.
    4. Im Restaurant brachte man uns eine Flasche Sekt.
    5. Artur trug eine enge Hose mit einem breiten Ledergurt.
    6. Alle Fotos von Arturs Mutter hatte ich verbrannt.
    7. Der Erzähler hat Lissi verletzt.
    8. Lissi brachte etwas in die Ehe mit.
    9. Wir bauten ein sehr schönes Haus.

IV. Find the word or phrase in the right column that is most closely related to the one in the left column.

es handelt sich um	**1.** einfallen
verheiratet	**2.** der Mund
sich erinnern	**3.** es hat damit zu tun
begreifen	**4.** betrachten
die Zunge	**5.** der Experte
empfinden	**6.** die Unterhaltung
beobachten	**7.** die Hochzeit
die Umwelt	**8.** fühlen
das Gespräch	**9.** die Umgebung
der Fachmann	**10.** verstehen

B. I. Answer in German.

    1. Mit wem war Artur aus dem Heim geflohen?
    2. Was ist dem Jungen passiert?

3. Warum hat Artur den Unfall nicht bei der Polizei gemeldet?
4. Mit wem hatte der Ertrunkene Ähnlichkeit?
5. Welche Schule hatte Artur besucht?
6. Warum schickte der Erzähler ein Foto an die Heimleitung?
7. Was plante Artur für die Zukunft?
8. Welche merkwürdige Antwort erhielt der Erzähler von der Heimleitung?
9. Wie hätte sich der Erzähler endgültige Sicherheit über Arturs Identität verschaffen können?
10. Warum brachte der Erzähler seine Waffe mit nach Hause?

II. Change into direct discourse.

1. Artur fragte, ob die Möbel ihm tatsächlich gehörten.
2. Lissi erzählte, daß Artur nie ein eigenes Zimmer gehabt habe.
3. Er sagte, er habe seine Ehe nicht auf ein unerwünschtes Kind aufbauen wollen.
4. Artur fragte, worauf der Erzähler und Lissi ihre Ehe aufgebaut hätten.
5. Er sagte, daß sie keinen Dank von Artur verlangten.
6. Artur sagte, er habe Erwin gar nicht helfen können.
7. Der Erzähler fragte Artur, welche Pläne er für die Zukunft habe.
8. Lissi sagte, Artur habe sich in den fünf Jahren sehr verändert.
9. Die Heimleitung meinte, daß Artur gar nicht wiederzuerkennen sei.

III. Substitute the words in parentheses for the ones in italics. Make the necessary changes in the verbs and the reflexive pronouns.

1. *Ich* fühlte mich bedroht. (er)
2. *Wir* haben uns gegenseitig geachtet. (sie, *pl.*)
3. *Ich* kann mich nicht daran erinnern. (du)
4. *Wir* haben uns um das Kind kümmern müssen. (er)
5. *Wir* konnten uns die weite Fahrt sparen. (du)
6. *Lissi* hat sich an den Tisch gesetzt. (ihr)
7. *Der Vater* hat sich siebzehn Jahre nicht blicken lassen. (wir)
8. *Ich* gewöhnte mich nie daran. (sie, *pl.*)
9. *Du* hast dich dafür nicht interessiert. (ich)
10. *Er* hatte sich sehr verändert. (wir)

IV. Substitute the words in the list that convey the same meaning as the ones in italics.

leugnete   betrachtete   hatte keine Ahnung   forderten   wählte
fühlte   hoffte auf   gab

1. Lissi *suchte* Arturs neue Kleidung mit Geschmack *aus*.
2. Später *schenkte* sie Artur eine schwarze Lederhose.
3. Der Erzähler *erwartete* zuviel von Artur.
4. Wir *verlangten* keinen Dank von Artur.
5. Artur *sah* mich mißtrauisch *an*.
6. Ich *wußte überhaupt nicht*, wie ich ihm helfen konnte.
7. Ich *spürte* keine innere Beziehung zu Artur.
8. Artur *stritt* es nicht *ab*.

C. I. Answer in German.

1. Warum wollte Artur nicht in ein Lehrlingsheim gehen?
2. Was hatte Artur „auf Tour" gelernt?
3. Warum hatte Artur keine Angst vor dem Gefängnis?
4. Von wem fühlte sich der Erzähler am meisten bedroht?
5. Warum schoß der Erzähler zuerst gegen die Decke?
6. Wie starb Arturs Mutter?
7. Beschreiben Sie, wie es zu dem tödlichen Schuß kam.

II. Start each of the following sentences with the introductory phrase: Ich wünschte, . . .

1. Artur verläßt das Haus.
2. Er setzt keine überlegene Miene auf.
3. Ich kann mit einer Pistole umgehen.
4. Lissi hat die Pistole in der Schublade nicht entdeckt.
5. Ich habe die Waffe mit nach Hause gebracht.
6. Er steht leise auf.
7. Er ist nicht der Artur.
8. Jeder Vorwurf gegen mich ist unhaltbar.

III. Combine the following pairs of sentences and change them to express contrary-to-fact statements.

EXAMPLE: Artur hat sein eigenes Zimmer. Er kann die Möbel mitnehmen.—Wenn Artur sein eigenes Zimmer hätte, könnte er die Möbel mitnehmen.

1. Artur ist wie ich. Er hat Pläne für die Zukunft.
2. Er ist mein Sohn. Ich muß eine innere Beziehung zu ihm spüren.
3. Ich schreibe einen kurzen Bericht über Artur. Die Heimleitung wird sich dafür interessieren.
4. Es war kein Unfall. Artur hat den anderen ermordet.
5. Artur hat eine gute Ausbildung. Er kann eine gute Stellung finden.
6. Man leistet viel. Man kann etwas werden.

7. Ich habe die Pistole nicht mit nach Hause gebracht. Man hat mir keinen Vorwurf daraus gemacht.

8. Ich schoß in die Decke. Ich kann niemand mit dem Schuß treffen.

IV. Give the noun or verb to complete the word pairs. Give also the meaning.

EXAMPLE: sprechen—die Sprache

zielen	das	_____
berücksichtigen	die	_____
die Verantwortung		_____
erklären	die	_____
die Veränderung		_____
die Entwicklung		_____
beeindrucken	der	_____
beabsichtigen	die	_____
vorwerfen	der	_____
schießen	der	_____
die Ahnung		_____

ZUR UNTERHALTUNG

Schriftliche Aufgabe: Der Erzähler schreibt einen kurzen Bericht über Arturs Leben.

Unterhaltung: Besprechen Sie die Vor- und Nachteile von einem Leben im Heim.

Unterhaltung: Besprechen Sie die Bedeutung der Umwelt für Arturs Entwicklung.

Dialog: Der Erzähler unterhält sich mit seinem Rechtsanwalt über Arturs Tod.

Dialog: Lissi steht nicht mehr auf der Seite des Erzählers und erklärt ihm ihre Gründe.

VOKABULAR

A

ab und zu   from time to time
ab·biegen, o, o   to turn
ab·brausen   to zoom away
ab·decken   to cover
der Abend, –e   evening
das Abendessen, –   supper, dinner
das Abenteuer, –   adventure
ab·fahren, u, a   to leave, depart, drive off
die Abfahrt, –en   departure
ab·gekehrt (*p.p. of* ab·kehren & *adj.*)   opposite
ab·geriegelt (*p.p. of* ab·riegeln & *adj.*)   sealed
ab·gesehen davon (*p.p. of* ab·sehen & *adj.*)   aside from the fact
ab·getreten (*p.p. of* ab·treten & *adj.*)   worn
ab·gleiten, i, i   to slide down
ab·halten, ie, a   to hinder, stop
ab·hauen   to beat it, scram (*slang*)
ab·heben, o, o   to withdraw
ab·helfen, a, o   to remedy
ab·holen   to come for, get, pick up
ab·liefern   to deliver
ab·machen   to arrange, agree upon
ab·nehmen, a, o   to take away, steal
das Abonnement, –s   subscription
ab·rechnen   to settle, balance the books
ab·sacken   to sink (*slang*)
ab·saufen, o, o   to drown (*slang*)
ab·schätzen   to estimate
der Abschied, –e   farewell, departure
der Abschiedsgruß, ⸚e   good-bye
ab·schirmen   to cover
ab·schlagen, u, a   to deny, reject
ab·schließen, o, o   to lock
ab·schneiden, i, i   to cut off
ab·schütteln   to shake off
die Absicht, –en   intention
absichtlich   intentionally
der Abstand, ⸚e   distance, gap
ab·stellen   to turn off, put down
das Abteil, –e   compartment
der Abweg, –e   wrong path
die Abwehrbewegung, –en   defensive movement
sich ab·wenden   to turn aside
abwesend   absent
der Abzug, ⸚e   copy
die Achseln zucken   to shrug the shoulders
achten   to esteem, heed
der Ackerwagen   farm wagon
ahnen   to suspect, sense
die Ähnlichkeit, –en   similarity

die Ahnung, –en   idea, suspicion
der Aktenkoffer, –   attaché case
die Aktentasche, –n   brief case
die Aktien (*pl.*)   stocks
die Aktienmehrheit   majority stock holding
albern   silly
allein ·   alone
alleinig   sole
alleinstehend   single
allerdings   indeed
allergrößte   greatest
allerschlimmste   worst
allmählich   gradually
also   therefore
der Altersgenosse, –n   person one's own age, peer
amtlich   officially
an·beißen, i, i   to bite
an·bieten, o, o   to offer
der Anblick, –e   sight
an der Hand haben   to have available
andere   others
anderthalb   one and a half
an·deuten   to suggest, hint
die Anerkennung, –en   appreciation, recognition
an·fahren, u, a   to drive into, hit
der Anfang, ⸚e   beginning
an·fangen, i, a   to begin
an·fassen   to touch
an·fertigen   to manufacture
der Anflug   trace, touch
die Anforderung, –en   demand
an·geben, a, e   to brag, show off, state, claim
sich angeln   to fish out
angenehm   pleasant, pleased (to meet you)
angesichts   in view of
an·gespannt (*p.p. of* an·spannen & *adj.*)   tense
an·gestrengt (*p.p. of* an·strengen & *adj.*)   strenuously
angrenzend   bordering
die Angst, ⸚e   fear
ängstlich   frightened
angstschlotternd   trembling with fear (*slang*)
an·haben   to wear
an·halten, ie, a   to stop, hold
der Anhänger, –   pendant
die Anklage, –n   accusation, indictment
an·knipsen   to turn on
an·kommen, a, o   to arrive, be received
an·kündigen   to announce
die Anlage –n   inclination, investment
an·langen   to arrive

an·lassen, ie, a to start (an engine)
an·legen to draw up, invest
an·malen to paint
an·merken to observe
an·muten to seem
an·nehmen, a, o to assume
an·ordnen to order
an·passen to adjust
der Anpassungsprozeß, –sse adaptation phase
an·quatschen to babble at
die Anrede, –n address
an·rufen, ie, u to call
an·schauen to look at
der Anschein appearance; **allem äußeren —
nach.** apparently
der Anschlag, ⸚e attempted murder
an·sehen, a, e to look at; **sieh an** look here
die Ansicht, –en opinion
ansonsten otherwise
der Anspruch, ⸚e claim
an·starren to stare
anstatt instead of
an·stecken to light (a cigarette), infect
sich an·stellen to act, pretend, make a fuss
an·trinken, a, u to drink; **sich Mut —** to
drink oneself into courage
die Antwort, –en answer
anwesend current, present
die Anzahl, –en number
die Anzeige, –n accusation, advertisement
an·zeigen to announce, advertise, denounce,
accuse
an·zetteln to cause (*slang*)
an·ziehen, o, o to wear
der Anzug, ⸚e suit
apart unique, odd
arm poor
der Arm, –e arm; **die —e auf den Rücken drehen** to twist one's arms behind one's back
das Armband, ⸚er bracelet
der Ärmel, – sleeve
die Art, –en kind, sort, manner
der Aschenbecher, – ash tray
der Atem breath; **den — stocken** to lose
one's breath
der Atemzug, ⸚e breath
auf·atmen to breathe out, be relieved
auf·bauen to establish, base, erect
die Aufbauten (*pl.*) structures
auf·branden to arise
auf·decken to uncover
der Aufenthalt, –e stay, sojourn
auffällig noticeable

auf·führen to stage
die Aufführung, –en performance
auf·geben, a, e to give up
auf·gehen, i, a to open
aufgeregt (*p.p. of* auf·regen & *adj.*) excited
aufgeweckt (*p.p. of* auf·wecken & *adj.*) bright,
awakened
auf·greifen, i, i to pick up (*slang*)
auf·halten, ie, a to stop, hinder
auf·hängen to hang, hang up
auf·heben, o, o to lift, pick up, preserve
auf·heulen to roar out
auf·hören to stop
auf·klären to clear up, solve
auf·lösen to dissolve
aufmerksam attentive; **auf etwas —
machen** to point something out
auf·passen to pay attention, watch, be careful
of
aufrecht upright
die Aufregung, –en excitement
auf·reißen, i, i to tear open, throw open
sich auf·richten to straighten up
auf·sagen to recite
auf·schäumen to foam up
der Aufschlag, ⸚e door frame
auf·schließen, o, o to unlock
der Aufschnitt, –e cold cuts
auf·schreien, ie, ie to scream out
die Aufschrift, –en address, inscription
auf- und ab·schwellen, o, o to rise and fall
auf·schwingen, a, u to swing open
auf·stoßen, ie, o to push open
der Auftrag, ⸚e contract, order
auf·treiben, ie, ie to find, raise, secure
auf·wachen to wake up
auf·wachsen, u, a to grow up
auf·wecken to wake up
auf·ziehen, o, o to draw up, raise, tease
auf·zischen to hiss
das Auge, –n eye; **im — behalten** to keep
in view; **ins — gehen** to backfire
der Augenblick, –e moment
der Augenwinkel, – corner of the eye
die Ausarbeitung, –en execution (of a task),
improvement
die Ausbildung, –en training, education
aus·breiten to spread out
aus·denken, a, a to think up
aus·drücken to express
aus·fragen to question, interrogate
aus·führen to carry out
ausführlich extensive

der Ausgang, ⁻̈e   exit
aus·geben, a, e   to spend (money)
ausgerechnet   (*p.p. of* aus·rechnen & *adj.*)   precisely, just
ausgeschlossen   (*p.p. of* aus·schließen & *adj.*)   completely impossible, excluded
ausgezeichnet   excellent
aus·gleichen, i, i   to compensate, balance, settle
aus·halten, ie, a   to endure, bear
sich aus·kennen, a, a   to know one's way around, know about
aus·kippen   to pour out
aus·knipsen   to turn off
aus·kommen, a, o   to get along with
die Auskunft, ⁻̈e   information
aus·machen   to turn off, arrange
ausnahmsweise   by way of exception, for once
aus·probieren   to try out, test
aus·rechnen   to calculate
aus·reißen, i, i   to run away (*slang*)
aus·rücken   to run away (*slang*)
aus·ruhen   to rest up
die Aussage, –n   deposition, assertion
aus·schalten   to switch off
aus·schlafen, ie, a   to get a good night's sleep
ausschlaggebend   decisive
aus·schließen, o, o   to exclude
aus·sehen, a, e   to look
aus·sein   to be over; **auf etwas** —   to be set upon·something
von außen   from the outside
außerdem   besides
äußere   external
außerhalb   outside of
außer sich sein   to be beside oneself
äußerst   outermost
aus·setzen   to set out, stop
aussichtsreich   promising, worthwhile
aus·steigen, ie, ie   to climb out, get off
aus·sterben, a, o   to die out; be extinct
die Ausstrahlung, –en   attraction, personality
aus·strecken   to stretch out
aus·suchen   to select, choose
aus·tragen, u, a   to carry out, deliver
aus·wandern   to emigrate
der Ausweg, –e   escape, expedient
aus·weichen, i, i   to evade, withdraw
der Ausweis, –e   identification card
die Auszahlung, –en   payment
aus·zeichnen   to distinguish
aus·ziehen, o, o   to take off
die Autobahn, –en   freeway, superhighway

der Autoscooter, –   bumper car
die Autostunde, –n   an hour by car

B

das Bad, ⁻̈er   bath
das Badezimmer, –   bathroom
der Bahnhof, ⁻̈e   railroad station
die Bahnpolizei   railroad police
der Bahnsteig, –e   platform
die Bank, –en   bank
das Bankunternehmen, –   bank
barfuß   barefoot
der Barscheck, –s   (cash) check
der Bart, ⁻̈e   beard
basteln   to construct
der Bauch, ⁻̈e   stomach, belly
das Bauerwartungsland   land ready for development
der Baum, ⁻̈e   tree
der Baustil, –e   architectural style
beabsichtigen   to intend
der Beamte, –n   official, officer
beauftragen   to commission, request
beben   to tremble
bedauern   to regret
das Bedenken, –   reservation, consideration, doubt
bedeuten   to have the meaning, mean
bedeutend   significant
die Bedeutung, –en   meaning
bedienen   to serve
die Bedienung, –en   service, waitress
das Bedrängnis, –se   distress, trouble
bedrohen   to threaten
sich beeilen   to hurry
beeindrucken   to impress
das Beet, –e   bed (flower)
befassen   to deal with, treat
befehlen, a, o   to command, order
sich befinden, a, u   to be (located)
befreien   to free, liberate
befriedigt   satisfied
befürchten   to fear
sich begeben, a, e   to occur
begegnen   to meet
begehren   to desire
begeistert   enthusiastic
begleiten   to accompany
der Begleiter, –   companion
begraben, u, a   to bury
begreifen, i, i   to understand, comprehend

im Begriff in the process
begrüßen to greet
die Begrüßung, –en greeting
behalten, ie, a to retain
der Behälter, – container
behandeln to treat
behaupten to claim
behutsam carefully
beide both
der Beifall applause
das Bein, –e leg
beiseite·nehmen, a, o to take aside
beiseite·schaffen to do away with
bekannt well known
bekannt·geben, a, e to announce
bekommen, a, o to get
beladen, u, a to load
belagern to lay siege to
belanglos meaningless
belästigen to bother, annoy
belehren to instruct
die Beleuchtung, –en lighting
belieben to please, like, prefer
beliebt popular
die Belohnung, –en reward
belustigt amused
bemerken to notice, observe
bemerkenswert noteworthy
sich bemühen to attempt, trouble oneself about
benachrichtigen to notify
benommen dizzy
die Benommenheit numbness
das Benzin gasoline
der Benzinanzeiger gasoline gauge
beobachten to observe
bequem comfortable
der Berg, –e mountain
bereits already
bereit·stehen, a, a to stand ready
der Bericht, –e report
das Bersten bursting
der Beruf, –e profession
beruflich professional
berufstätig employed
beruhen to rest
beruhigen to calm
berühmt famous
berühren to touch; **in Berührung kommen** to come into contact
beschädigen to damage
beschaffen to procure
beschäftigen to occupy, employ

beschäftigungslos idle, unemployed
der Bescheid, –e information; **— wissen, u, u** to be informed
beschleunigen to accelerate
beschuldigen to accuse
beseitigen to put aside
besetzt occupied
besichtigen to view, tour, look over
besiegeln to seal
besitzen, a, e to possess
die Besonderheit, –en peculiarity
besonders especially
besorgen to get, attend to
besprechen, a, o to discuss
besser better
bestätigen to confirm
besteigen, ie, ie to climb
bestellen to order
bestens in the best way
bestimmt definitely
die Bestimmtheit determination
bestreben to pursue, strive
besuchen to visit
beteuern to assert, maintain
die Beteuerung, –en assertion
betonen to emphasize
betrachten to observe
beträchtlich considerable, substantial
betreuen to care for
der Betrieb, –e plant, company, business
betrügerisch deceitful, dishonest
die Bettkante, –n edge of the bed
sich beugen to bend over
beunruhigend disturbing
sich beurlauben·lassen, ie, a to request and be granted a leave
die Beute loot, prey
der Beutel, – bag
bewaffnet (*p.p. of* **bewaffnen** & *adj.*) armed
bewahren to preserve
bewegen to move
die Bewegung, –en movement
der Beweis, –e proof, evidence
beweisen, ie, ie to prove
die Bewirtung, –en hospitality
bezahlen to pay
bezeichend significant, typical
die Beziehung, –en relationship
bezeugen to verify, testify
der Bezugspunkt, –e point of reference
biegen, o, o to bend
der Bierdeckel, – beer coaster
bieten, o, o to offer

das **Bild, –er**   picture
billig   cheap
die **Birke, –n**   birch tree
die **Birne, –n**   pear, light bulb
bis   until, as far as
bitten, a, e   to ask, beg
blasiert   conceited, proud
blaß   pale
blättern   to turn the pages
blau   blue
die **Blautanne, –n**   blue spruce
bleiben, ie, ie   to remain
blenden   to blind
der **Blick, –e**   glance
blinkend   glistening
blinzeln   to blink
blitzen   to lighten
blitzartig   quickly
blöd   stupid
blödsinnig   silly, idiotic
die **Blume, –n**   flower
die **Bluse, –n**   blouse
die **Blutspur, –en**   trace of blood
sich ins Bockshorn jagen·lassen   to allow
   oneself to be fooled
der **Boden, ¨**   ground, soil, land
der **Bombenanschlag, ¨e**   bombing
der **Bord, –e**   edge, rim, cabinet
die **Börse, –n**   stock market
die **Börsenkrise, –n**   stock market crisis
die **Bösartigkeit, –en**   evil looking appearance
böse   angry
der **Bote, –n**   messenger
die **Bratkartoffel, –n**   fried potato
brauchen   to need
braun   brown
brav   honest, worthy
breit   broad
breitbeinig   legs wide apart
die **Bremse, –n**   brake
brennen, a, a   to burn
der **Brief, –e**   letter
die **Brieftasche, –n**   billfold, wallet
die **Brille, –n**   glasses
bringen, a, a   to bring; **das bringt nichts**   that
   is useless
das **Brot, –e**   bread
die **Brotbüchse, –n**   sandwich tin
das **Brötchen, –**   roll
der **Bruch, ¨e**   breakage, rupture, breach
der **Bruchteil, –e**   fraction
die **Brücke, –n**   bridge
der **Bruder, ¨e**   brother

brüllen   to scream, shout
die **Brust, ¨e**   chest, breast
der **Brustkorb, ¨e**   chest
die **Brüstung, –en**   railing, balustrade
das **Buch, ¨er**   book
die **Buche, –n**   beech tree
der **Buchhalter, –**   bookkeeper
die **Buchstabe, –n**   letter
die **Bucht, –en**   bay, inlet
sich bücken   to bend down
die **Bude, –n**   room (*slang*)
die **Bühne, –n**   stage
der **Bühnenarbeiter, –**   stage worker
die **Bundesbahn**   German National Railway
bunt   colorful
buntgeblümt   floral colored
das **Büro, –s**   office
der **Büroangestellte, –n**   office worker
der **Bursche, –n**   boy, fellow

C

die **Chance, –n**   chance
der **Chef, –s**   boss, head

D

der **D-Zug, ¨e**   express train
dabei   thereby, at the same time; **— lassen, ie,
   a**   to leave it at that
dahinter·kommen, a, o   to find out
dämlich   silly, stupid
dampfen   to steam
daneben   beside
der **Dank**   gratitude
danken   to thank
dann   then
darauf·legen   to add
der **Darsteller, –**   actor
das **Dasein**   existence
auf die Dauer   in the long run
die **Dauerleitung, –en**   permanent line
dauern   to last
der **Daumen, –**   thumb
davon·rennen, a, a   to run away
davon·sausen   to dash away
davon·tragen, u, a   to carry away
die **Decke, –n**   cover, blanket
der **Deckel, –**   top, lid
dein   your; **—etwegen**   for your sake
denken, a, a   to think

denkwürdig memorable
denn for, because
deshalb therefore
deuten to point
deutlich clearly
deutsch German; **auf — gesagt** to tell the truth
dicht close, dense
dick fat
der Dieb, –e thief
die Diele, –n hall
der Dienst, –e service
der Dienstag Tuesday
das Dienstabteil, –e service compartment
diensthabend on duty
das Ding, –e thing
direkt directly, right
dirigieren to conduct
der Dolch, –e dagger
donnern to thunder
der Donnerschlag, ⁼e clap of thunder
der Doppelmörder, – double murderer
doppelt double
das Dorf, ⁼er village
dort there
der Draht, ⁼e wire, line
drängeln to push
dranhängen to add
draußen outside
sich drehen to turn
die Drehorgelmusik music from a barrel organ
dringen, a, u to penetrate
dringend urgent, pressing
nach drinnen inside
das Drittel, – one third
drohen to threaten
dröhnen to resound, roar
drücken to press
mit allem Drum und Dran with everything
sich ducken to duck down
dufte great (*slang*)
dumm stupid
dumpf quietly, muffled
dunkel dark
dünn thin
durch through
durch·blättern to page through
durch·bringen, a, a to squander
durch·drehen to lose self-control, go wild, become hysterical
durch·machen to endure, go through
die Durchsage, –n announcement
durch·schauen to see through (a person)

dürfen, u, u to be allowed to
durstig thirsty
die Dusche, –n shower
der Duschraum, ⁼e shower room
düster gloomy

E

ebenfalls also
die Ecke, –n corner
der Eckplatz, ⁼e corner seat
egal equal; **das ist ihm —** that doesn't make any difference to him
ehe soon
die Ehe, –n marriage
die Ehescheidung, –en divorce
ehrbar honest
ehrlich honest
das Ei, –er egg
eigen own
die Eigenschaft, –en characteristic, attribute
eigentlich really, actually
die Eile haste
eilig hurried
der Eilzug, ⁼e limited-stop train
der Eimer, – bucket
ein·atmen to breathe in
einäugig single lens
die Einbahnstraße, –n one-way street
sich ein·bilden to imagine
der Einbrecher, – burglar
der Einbruch, ⁼e break in
eindringlich urgently
der Eindruck, ⁼e impression
einfach simple
sich ein·fädeln to join in, weave in
die Einfahrt, –en arrival, entrance
ein·fallen, ie, a to occur, remember
der Eingang, ⁼e entrance
ein·gehen, i, a to enter into, look into, consider
eingerichtet (*p.p. of* **ein·richten** & *adj.*) furnished
ein·greifen, i, i to intervene
ein·haken to hook arms
einige some
ein·kalkulieren to count on, figure in
der Einkauf, ⁼e purchase, errand
das Einkommen, – income
ein·kreisen to encircle, single out
ein·laden, u, a to invite
ein·laufen, ie, au to enter, drive in
ein·lenken to turn into, return to one's subject

ein·lösen   to cash
einmal   once
ein·packen   to pack, wrap up, quit
ein·planen   to plan for
einsatzbereit   prepared
ein·schalten   to bring in, engage, switch on
ein·schieben, o, o   to insert
ein·schlafen, ie, a   to fall asleep
ein·schlagen, u, a   to break
einschlägig   relevant
ein·schließen, o, o   to include
ein·sehen, a, e   to realize
ein·setzen   to originate, install
ein·sperren   to lock up
ein·steigen, ie, ie   to get in, enter
sich ein·stellen   to adjust oneself
ein·stürzen   to collapse
ein·teilen   to divide
ein·treffen, a, o   to arrive
ein·treten, a, e   to enter
die Eintrittskarte, –n   admission ticket
einverstanden   agreed
der Einwand, ⁻e   objection
ein·weihen   to initiate
der Einwohner, –   inhabitant, resident
ein·zahlen   to deposit
der Einzelgänger, –   individualist, loner
das Eisbein   pig's knuckles
das Eisending, –e   iron object
elend   miserable
die Eltern (pl.)   parents
empört   indignant
die Empörung, –en   indignation
endgültig   final
endlich   finally
eng   narrow, limited, restricted
entdecken   to discover
entführen   to abduct
entgangen (p.p. of entgehen & adj.)   escaped
entgegen·kommen, a, o   to come toward,
  make concessions
entgegen·leuchten   to shine toward, beckon
entgegen·nehmen, a, o   to accept
entgeistert   despairing, disillusioned
enthalten, ie, a   to contain
die Enthüllung, –en   disclosure
die Entrüstung, –en   indignation
entschädigen   to compensate
sich entscheiden, ie, ie   to decide
die Entscheidung, –en   decision
entschließen, o, o   to decide, determine
entschuldigen   to pardon
die Entschuldigung, –en   pardon, excuse

sich entsetzen   to be shocked, horrified
entsetzlich   terrible
sich entspannen   to relax
entsprechen, a, o   to correspond, comply with
entsprechend   accordingly
entstehen, a, a   to arise
entstellen   to distort
entwerfen, a, o   to design
entweder . . . oder   either . . . or
entwickeln   to develop
der Enzian   gentian (a flower, liqueur)
die Erbanlage, –n   hereditary disposition
der Erbe, –n   heir
erbeuten   to get away with, steal
das Erbgut, ⁻er   inheritance
der Erbonkel, –   benefactor (lit.) benefactory
  uncle
sich ereignen   to occur
erfahren, u, a   to experience
erfinden, a, u   to invent, find out
der Erfolg, –e   success
das Erfolgserlebnis, –se   successful experience
erfreuen   to delight
sich erfrischen   to refresh oneself
erfüllen   to fill
sich ergeben, a, e   to result, turn up, surrender
die Ergreifung, –en   capture
erheben, o, o   to raise
erhöht   raised, increased
sich erholen   to recover
erholsam   restful
sich erinnern   to remember
erkennen, a, a   to recognize
sich erkundigen   to make inquiries about
erleben   to experience
erledigen   to complete, settle
erleichtern   to make easier, relieve
erleiden, i, i   to suffer
eröffnen   to open
erpressen   to blackmail, extort
erreichen   to achieve, reach
erregt   excited
erschießen, o, o   to shoot to death
erschrecken   to frighten
ersetzen   to replace
ersparen   to save
erst   only
erstarren   to freeze, become rigid
die Erstarrung   numbness
das Erstaunen, –   surprise
erstaunlich   surprising
erstaunt   surprised
erstehen, a, a   to purchase

erstens in the first place
ersuchen to entreat, beg
ertragen, u, a to endure
erträglich bearable, profitable
ertränken to drown
erwägen, o, o to consider, weigh
erwähnen to mention
erwarten to await, expect
erwidern to answer, reply
erwischen to grab (*slang*)
erzählen to tell
essen, a, e to eat
etwas something

F

die Fabrik, –en factory
der Fachmann, –leute expert
die Fahrbahn, –en rink, area
fahren, u, a to drive
der Fahrgast, ⁻e passenger
das Fahrgeld, –er traveling money
der Fahrplan, ⁻e schedule
das Fahrrad, ⁻er bicycle
das Fahrzeug, –e vehicle
die Fahrzeugpapiere (*pl.*) auto registration papers
der Fall, ⁻e case, **auf jeden —** by all means, in any event
die Falle, –n trap
sich fallen·lassen to collapse
falls in case
der Fallstrick, –e trip rope
die Falte, –n wrinkle
die Farbe, –n color
sich färben to color itself, dye itself
der Farbfernseher, – color television set
farbig colored
der Farbstoff, –e dye
fassungslos incomprehensible, surprised
fast almost
faul lazy
die Feder, –n feather, pen, spring
fehlen to be missing, lacking
der Fehler, – mistake
feiern to celebrate
das Feilschen barter, bargain
der Feind, –e enemy
die Feinheit, –en detail
die Felljacke, –n fur jacket
der Felsen, – rock, cliff

das Fenster, – window
die Ferien (*pl.*) vacation
das Ferngespräch, –e long-distance call
fern·sehen, a, e to watch television
das Fernsehen television
die Fernverkehrstraße, –n interstate highway
fertig finished, ready
fertig·bringen, a, a to manage (to do something)
das Fertiggericht, –e ready-to-serve meal
fertig·machen to get ready
fesseln to shackle, handcuff
fest·halten, ie, a to clench
fest·kleben to glue, stick to
fest·nehmen, a, o to arrest
fest·setzen to hold
fest·stellen to determine
die Feststellung, –en remark, assessment, statement
fest·ziehen, o, o to tighten
das Feuer, – fire
der Feuerlöscher, – fire extinguisher
das Feuerzeug, –e lighter
die Filiale, –n branch (of a bank)
der Film, –e film
die Filmkamera, –s movie camera
der Filzschreiber, – felt tip pen
der Finanzmakler, – financial broker
finden, a, u to find
der Fingernagel, ⁻ finger nail
der Fingerzeig, –e pointer
finster dark, sinister
fixiert (*p.p. of* **fixieren** & *adj.*) stared
flach flat
flammen to flame, blaze
der Flauschteppich, –e shag carpet
fliegen, o, o to fly
fließen, o, o to flow
flink quick, alert
fluchen to curse
flüchten to flee
der Flug, ⁻e flight
der Flugplatz, ⁻e airport
das Flugzeug, –e airplane
der Fluß, ⁻sse river
flußaufwärts upstream on the river
die Flüssigkeit, –en liquid
flüstern to whisper
folgen to follow
das Fortkommen advancement
das Foyer, –s lobby
fragen to question, ask

die **Frau, –en** woman, wife
frei free
frei·geben, a, e to release
die **Freiheitstrafe, –n** imprisonment
freiwillig voluntarily
die **Freizeit, –en** leisure time
fremd foreign
sich **freuen** to be glad, happy
der **Freund, –e** friend
friedlich peaceful
frieren, o, o to freeze
frisch fresh
die **Friseuse, –n** hair dresser
der **Frühling, –e** spring
frühmorgens early in the morning
das **Frühstück, –e** breakfast
sich **fügen** to comply
die **Fugen** seams
führen to lead
der **Führerschein, –e** driver's license
der **Funkstreifenwagen, –** patrol car
furchtbar horrible
fürchterlich terrible, horrible
die **Fürsorgerin, –nen** social worker (female)
der **Fuß, ⁻e** foot
der **Fußgänger, –** pedestrian

G

die **Gabel, –n** fork
die **Gabel drücken** to press down the hook of the telephone
der **Gang, ⁻e** corridor; **in — kommen** to get started **im Gange sein** to be happening
der **Ganove, –n** gangster
das **Gänsefleisch** goose pimples
ganz quite, completely
die **Garderobe, –n** dressing room, wardrobe
der **Gärtner, –** gardener
der **Gashahn, ⁻e** gas valve
das **Gäßchen, –** narrow street
der **Gast, ⁻e** guest
das **Gasthaus, ⁻er** small hotel, inn, local bar
der **Gatte, –n** spouse (male)
das **Gebäude, –** building
geben, a, e to give; **da gibt's nichts** you can't say anything about that
das **Gebiet, –e** region, area
geboren werden, u, o to be born
der **Gebrauch, ⁻e** use, usage, custom
der **Geburtstag, –e** birthday

der **Gedanke, –n** thought
gedankenversunken lost in thought
gedeihen, ie, ie to grow
das **Gedicht, –e** poem
die **Geduld** patience
gedulden to wait, be patient
geduldig patient
die **Gefahr, –en** danger
gefährlich dangerous
das **Gefährt, –e** vehicle
gefallen, ie, a to please, appreciate
gefälligst if you please
das **Gefängnis, –se** prison
gefestigt (*p.p. of* **festigen** & *adj.*) solid, firm
das **Geflüster, –** whispering
gegen against; **— bar** for cash
die **Gegend, –en** area, region
im Gegensatz in contrast
gegenseitig mutual
der **Gegenstand, ⁻e** object
das **Gegenteil, –e** opposite; **im —** on the contrary
gegenüber·stehen, a, a to stand opposite
die **Gegenwart** present time
das **Gehalt, ⁻er** salary
das **Gehaltskonto, –en** salary account
geheim secret
das **Geheimnis, –se** secret
das **Gehör** sense of hearing
gehorchen to obey
gehören to belong to
die **Geisel, –n** hostage
die **Geiselnahme, –n** taking of hostages
gelähmt (*p.p. of* **lähmen** & *adj.*) paralyzed
gelangen to attain, reach
gelangweilt (*p.p. of* **langweilen** & *adj.*) bored
die **Gelassenheit** calmness
gelb yellow
der **Geldbetrag, ⁻e** sum of money
die **Geldspritze, –n** money infusion (*slang*)
die **Gelegenheit, –en** opportunity
die **Geliebte, –n** beloved (female)
gelingen, a, u to succeed
gelöst (*p.p. of* **lösen** & *adj.*) purchased
gelten, a, o to apply; **das gilt mir** that's intended for me
gemeinsam mutual, together
das **Gemüse, –** vegetable
gemütlich pleasant, comfortable
die **Gemütlichkeit** coziness
das **Genick, –e** neck; **im — sitzen** weighing one down (*slang*)

genießbar   enjoyable
genug   enough
genügen   to suffice
der Genuß, ⸚sse   pleasure
das Gepäck   luggage
das Gepäcknetz, –e   luggage rack
gepflegt (*p.p. of* **pflegen** *& adj.*)   well cared for
gerade   just, exactly
geradeaus   straight ahead
geradezu   almost
geraten, ie, a   to arrive at; **nach ihm —**   to
   take after someone
das Geräusch, –e   sound
geräuschlos   soundless, noiseless
das Gerede   talk, gossip
geregelt (*p.p. of* **regeln** *& adj.*)   regulated
das Gericht, –e   court
die Gerichtsmedizin   legal medicine
geringst   least
der Geruch, ⸚e   smell, odor
geschafft (*p.p. of* **schaffen** *& adj.*)   finished
das Geschäft, –e   business firm, store; **das —**
   war klar   the business matter was in order
geschäftig   busy
der Geschäftsmann, –leute   businessman
geschäftsmäßig   businesslike
geschehen, a, e   to happen
gescheit   clever
die Geschichte, –n   history, story
geschickt   talented, resourceful, skillful
geschieden   divorced
der Geschmack, ⸚er   sense of taste, good
   taste; **auf den — kommen**   to get a taste
geschnappt (*p.p. of* **schnappen** *& adj.*)   caught
das Geschoß, –sse   shot
das Geschrei   scream
die Geschwindigkeit, –en   speed
die Gesellschaft, –en   society, company
das Gesetz, –e   law
das Gesicht, –er   face
der Gesichtsausdruck, ⸚e   facial expression
gespannt sein   to be looking forward to something, be curious
das Gespräch, –e   conversation, discussion
die Gestalt, –en   figure
gestehen, a, a   to confess, admit
gestern   yesterday
gesund   healthy
die Gesundheit   health
das Getränk, –e   drink
die Gewalt, –en   force
gewaltsam   with force

der Gewinn, –e   profit, gain
gewinnen, a, o   to win, gain
gewiß   certain
das Gewissen   conscience
gewissenhaft   conscientiously
gewissermaßen   to a certain extent
sich gewöhnen   to get used to, become accustomed to
die Gewohnheit, –en   habit
gießen, o, o   to pour
der Gipfel, –   peak
der Gips   plaster
gipsen   to plaster
glatt   smooth
glauben   to believe
gleich   directly, right away
sich gleichen, i, i   to be similar
gleichfalls   also
das Gleichgewicht   balance
gleichzeitig   simultaneous, at the same time
das Gleis, –e   track
gleiten, i, i   to glide, slide
glitzern   to glisten
glücklich   happy, lucky
das Glucksen   gurgling
gnädig   gracious, kind
vor Grauen   out of fright
grausam   cruel
greis   very old
grell   high-pitched, shrill, harsh
die Grenze, –n   border
der Griff, –e   hold
grimmig   angry
grinsen   to grin
grob   rough
großartig   magnificent
großformatig   large-sized
großkotzig   arrogant
groß·ziehen, o, o   to raise
der Grund, ⸚e   reason
gründen   to found
gründlich   thorough, basic
das Grundstück, –e   real estate property
der Gruß, ⸚e   greeting
grüßen   to greet
gucken   to look (*slang*)
die Gültigkeit   validity
die Gummiblase, –n   rubber balloon
gummireifengepolstert   padded with rubber
   tires
günstig   favorable
der Gurr-Ton   purring sound

der Gutachter, – expert
die Güte   goodness
das Gymnasium   German high school

H

das Haar, –e   hair; **sich keine grauen —
wachsen lassen**   to grow no grey hair over
it
die Haarklemme, –n   hair clip, bobby pin
die Haarsträhne, –n   strand of hair
der Hafen, ⸚   harbor, port
hager   thin
halb   half
halbleer   half empty
sich halbtot lachen   to die laughing, laugh
oneself silly
hallen   to echo
der Hals, ⸚e   neck, throat; **zum —
heraushängen**   to be fed up
halt   just
halten, ie, a   to stop, hold; **Halt die
Stellung!**   Hold the fort!
die Haltung, –en   posture, position
die Handbewegung, –en   hand movement
sich handeln um   to be a matter of
die Handhabung   handling
der Händler, –   dealer
handlich   handy
die Handschellen (*pl.*)   handcuffs
der Handschuh, –e   glove
das Handschuhfach, ⸚er   glove compartment
im Handumdrehen   quickly
der alte Hase   old hand (*slang*)
hastig   hasty
der Haufen, –   pile, stack; **über den — ren-
nen**   to knock down
häufig   frequent
der Hauptbahnhof, ⸚e   main train station, central station
die Hauptrolle, –n   leading role
die Hauptstadt, ⸚e   capital
das Haus, ⸚er   house
der Haushalt, –e   household
der Hebel, –   lever
heben, o, o   to lift
heftig   violent, hearty, heavy
die Heide   heath, heather
heil   intact, whole
heil·bleiben, ie, ie   to be unharmed
heilen   to heal

heilfroh   very happy
die Heimerziehung   being raised in a home,
orphanage
die Heimleiterin, –nen   head of an orphanage
(female)
der Heimweg, –e   way home
die Heirat   marriage
heiraten   to marry
heiser   hoarse
heiß   hot
heißen, ie, ei   to be called
heißhungrig   greedy
die Heizung, –en   central heating
heldenhaft   heroic
helfen, a, o   to help
der Helfershelfer, –   accomplice, assistant
hell   bright, light
die Helligkeit   brightness
das Hemd, –en   shirt
herab·hoppeln   to limp down
herauf·poltern   to storm up
heraus·holen   to take out
heraus·klettern   to climb out
heraus·ragen   to extend, project
der Herbst   fall, autumn
herein·bringen, a, a   to bring in
herein·drängeln   to push in
her·geben, a, e   to give, provide
der Herr, –en   man, gentleman, Mr.
die Herstellungsfirma, –firmen   production
company
herum·fummeln   to fumble around
herum·hocken   to sit around (*slang*)
herum·lungern   to loiter around (*slang*)
herum·reißen, i, i   to yank violently around
herum·schlendern   to meander, to stroll
herunter·steigen, ie, ie   to climb down
herunter·ziehen, o, o   to draw down, pull
down
hervor·heben, o, o   to point out
der Herzinfarkt   heart attack
herzlich   cordial
heulen   to wail (like a siren), cry
der Heulton, ⸚e   howling sound
heute   today
heutzutage   nowadays, these days
die Hexe, –n   witch
der Himbeersirup   raspberry syrup
die Himmelsrichtung, –en   direction, quarter
hin und her   back and forth
hinaus·befördern   to transport out, do away
with

hinaus·lenken   to steer out
hinaus·schauen   to look out
hinaus·schmeißen, i, i   to throw out (*slang*)
hinaus·wachsen, u, a   to grow out of
hindern   to stop, hinder
das Hindernis, –se   obstacle, barrier
hinein·leuchten   to shine a light in
hinein·mischen   to mix in
hin·gehören   to belong
hin·halten, ie, a   to extend, hold out
hin·hocken   to crouch down
hinreißend   thrilling
die Hinsicht, –en   respect, regard
hinter   behind; — dem Mädchen her   chasing
   the girl
hinterher·tappen   to poke along behind
hinterrücks   from behind
hinüber·spähen   to look over
hinüber·wanken   to stagger over
hinunter·klettern   to climb down
hinwärts·fahren, u, a   to drive there
hinweg·klettern   to climb over
der Hinweis, –e   clue
hinzu·fügen   to add
hoch   high
hocherfreut   delighted
hoch·fahren, u, a   to sit up, jump up
sich hoch·recken   to stretch out
die Hochzeit, –en   wedding reception
sich hoch·ziehen, o, o   to pull oneself up
hocken   to sit, crouch
der Hocker, –   stool
hoffen   to hope
hoffentlich   hopefully
hohl   hollow
holen   to fetch, get
die Holzbude, –n   wooden shed
die Holzverkleidung, –en   wooden paneling
hörbar   audible
horchen   to listen
hören   to hear
der Hörer, –   telephone receiver
die Hose, –n   trousers, pants
das Hosenbein, –e   trouser leg
die Hosentasche, –n   pants pocket
hübsch   pretty, attractive
der Hügel, –   hill
der Hundekuchen, –   dog biscuit
huschen   to dart, hurry
husten   to cough
der Hut, ¨e   hat
die Hut   guard, care; auf der — sein   to be
   careful

I

die Idee, –n   idea
die Imbißstube, –n   snack bar
immer   always
immerhin   still, after all
infolge   as a result of
die Informationslücke, –n   lack of information
innerhalb   inside of, within
inzwischen   meanwhile
irgendein   some, any
irgendwann mal   sometime
irr   wild
sich irren   to be mistaken, wrong
der Irrtum   mistake, error
irrsinnig   insane, mad, tremendous

J

die Jacke, –n   jacket
die Jagd, –en   hunting
der Jagdhund, –e   hunting dog
das Jahr, –e   year
das Jahrhundert, –e   century
jährlich   annually
der Jahrmarkt, ¨e   annual fair
das Jahrzehnt, –e   decade
jammern   to lament, complain
je . . . desto   the (more) . . . the (more)
der Jeansanzug, ¨e   jeans suit
jedenfalls   in any case
jemals   ever
jemand   someone
jenseits   on the other side
jetzt   now
die Johannisbeere, –n   currant
die Jugend   youth
das Jugendamt, ¨er   juvenile office
das Jugendgefängnis, –se   juvenile prison
der Jugendliche, –n   the youth
der Junge, –ns   boy
die Jungen (*pl.*)   young people
der Junggeselle, –n   bachelor
der Jüngling, –e   young man, youth

K

der Kaffee   coffee
kahl   bald, bare
der Kalbsknochen, –   calf bone
kalkig   chalky
der Kamerad, –en   comrade, chum

kämmen to comb
das Kaninchenfell, –e rabbit fur
das Kännchen, – small pot
kaputt smashed, broken
kaputt·machen to destroy, break
die Karre, –n car (*slang*)
die Karte, –n card, ticket, map
die Kartoffel, –n potato
die Käserinde, –n rind of cheese
die Kasse, –n cash register, till
das Kassenfenster, – cashier's window
kassieren to collect, take a customer's money
der Kassierer, – cashier
die Kastanie, –n chestnut
der Kater hangover (*slang*), male cat
kauen to chew
kaufen to buy
das Kaufhaus, ⸚er department store
kaum hardly
die Kehle, –n throat
kein no, not a, not any
der Keller, – cellar
der Kellner, – waiter
kennen, a, a to know, be acquainted with
das Kennzeichen, – license (plate)
der Kerl, –e guy, fellow
kerngesund hale and hearty
das Kettchen, – necklace
die Kette, –n chain, necklace
keuchen to gasp
kichern to giggle
das Kind, –er child
das Kinderheim, –e orphanage
das Kinn, –e chin
das Kino, –s movie theater
der Kiosk, –e newspaper stand
kippen to flip
die Kirche, –n church
die Kirchweihe, –n church fair
das Kissen, – pillow
die Kiste, –n box, crate
der Kitsch junk, trash; — und Plüsch junk and plush
der Kittel, – frock
kläglich miserable
der Klang, ⸚e sound
klappen to be successful, work well
klar clear, naturally
klar·werden, u, o to become clear
die Klasse, –n class
klauen to steal (*slang*)
das Kleid, –er dress
die Kleidung clothing

klein little, small
klemmen to jam, squeeze
klettern to climb
die Klinge, –n blade
klingen, a, u to sound, ring
die Klinke, –n door handle
klirren to clatter, clank, jangle
klug clever
der Knack, –e crack, cracking
knacken to crack, break open
knackendvoll bursting at the seams
knallen to smash, explode, blast
knapp brief, scarce, closely
knarrend grating, squeaking
der Knast prison (*slang*)
der Knicker, – miser, tightwad (*slang*)
das Knie, – knee
die Kniehöhe knee height
knistern to crackle
der Knochen, – bone
der Knochenbruch, ⸚e fracture
knochendürr very thin
knurren to snarl, growl
der Köder, – bait, tempting details
der Koffer, – suitcase
das Koffergerät, –e portable model
der Kofferraum, ⸚e trunk of the car
die Kohle, –n coal
der Kollege, –n colleague (male)
komisch funny, comical; **mir wird** — I feel strange
kommen, a, o to come
der Kommissar, –e commissioner, police inspector
der Komplice, –n accomplice
können, o, o to be able
die Konservenfabrik, –en canning factory
das Konto, –en account
die Kontrolle, –n ticket check
kontrollieren to check over
der Kopf, ⸚e head
die Kopflosigkeit headlessness
das Kopftuch, ⸚er scarf
der Korb, ⸚e basket
der Korn, ⸚er alcoholic drink
der Körper, – body
kostbar valuable
kosten to cost
das Kostüm, –e suit (ladies)
der Köter, – cur, mutt
krachend cracking
der Kragen, – collar
kramen to dig, rummage

krank sick, ill
das Krankenhaus, ⸚er hospital
die Krankheit, –en illness, disease
kratzig scratchy, hoarse
die Krawatte, –n tie
die Kreditkarte, –n check cashing card, credit card
die Kreide, –n chalk; **—bleich** dead white
kreischen to screech
die Kreuzung, –en intersection, crossroads
kriechen, o, o to creep, crawl
der Krieg, –e war
kriegen to get (*slang*)
der Kriegsrat, ⸚e war council
der Krimi, –s thriller, crime story
der Kriminalbeamte, –n police officer
der Kriminalfall, ⸚e criminal case
der Kriminalhauptmeister (approx.) detective sergeant
der Kriminalkommissar i.R. inspector (retired)
die Kripo criminal police
die Krise, –n crisis
krönen to crown
der Krug, ⸚e pitcher
die Küche, –n kitchen
der Kuchen, – cake
der Kugelhagel shower of bullets
der Kugelschreiber, – ball point pen
kugelsicher bulletproof
kühl cool
der Kühlschrank, ⸚e refrigerator
die Kulisse, –n stage wing
sich kümmern um to take care of, worry about
der Kumpel, – buddy (*slang*)
der Kunde, –n customer
kündigen to resign
die Kundschaft customers, clientele
die Kunst, ⸚e art
der Künstler, – artist
das Kursbuch, ⸚er schedule book, timetable
kurz short
kürzlich recently
kurzum in short
der Kuß, ⸚sse kiss
die Küste, –n coast

L

lächeln to smile
lachen to laugh
laden, u, a to load

die Lage, –n position, location
die Lageskizze, –n sketch of the layout, plan
das Land, ⸚er land, country
die Landkarte, –n map
die Landschaft, –en countryside, landscape
lang, lange long, for a long time
langatmig long-winded
die Länge, –n length; **der — nach hinschlagen** to fall flat
die Langeweile boredom
langjährig for many years
langsam slow
sich langweilen to be bored
langwierig slowly, tediously
der Lärm noise
lassen, ie, a to let, let go; **eins muß man denen —** you have to say that about them
lässig casual
lauern to lie in wait
laufen, ie, au to run, go (by foot); **was hier läuft** what's going on here (*slang*)
die Laune, –n mood
die Laus, ⸚e louse
lauschen to listen
laut loud
lautlos soundless, noiseless
der Lautsprecher, – loud speaker
das Leben life
die Lebenserwartung life expectancy
die Lebensgefahr, –en mortal danger
der Lebkuchen, – ginger bread
der Ledergurt, –e leather belt
ledig single, unmarried
leer empty
leerkriegen to empty out
legen to lay, put
sich lehnen to lean
der Lehrer, – teacher
der Lehrling, –e apprentice
die Lehrstelle, –n apprenticeship
die Leiche, –n corpse
leicht easy
leicht·fallen, ie, a to be easy
der Leichtsinn foolishness, carelessness
leiden, i, i to suffer
die Leidenschaft, –en passion
leider unfortunately
leihen, ie, ie to loan
das Leihhaus, ⸚er pawn shop
der Leihwagen, – rental car
die Leine, –n line, rope
der Leinenbeutel, – cloth bag
der Leinensessel, – cloth-covered chair
leise quiet, soft (voice)

leisten   to accomplish
die Leistung, –en   accomplishment
die Lektüre, –n   reading material
das Lenkrad, ⸚er   steering wheel
die Lenkung, –en   steering
lernen   to learn
lesbar   legible
lesen, a, e   to read
letzt   last
letzlich   finally
die Leuchtzeiger, –   illuminated dials
das Licht, –er   light
der Lichtstrahl, –en   light beam
der Lichtstreifen, –   light ray
lieb   dear
lieben   to love
das Liebesgeflüster, –   romantic whispering
der Liebling, –e   darling
die Lieferung, –en   delivery
liegen, a, e   to lie, be situated
der Liegeplatz, ⸚e   berth
links   left
die Locke, –n   lock of hair
locker   loose
locker·machen   to loosen
lockern   to loosen
der Löffel, –   spoon
das Lohngeld, –er   payroll, wages
löschen   to extinguish
lösen   to solve
sich lösen   to loosen, fire
los·gehen, i, a   to begin
los·lassen, ie, a   to let loose
los·machen   to loosen
los·rattern   to rattle away
los·reißen, i, i   to tear away
los·sein   to be happening (*slang*)
die Lösung, –en   solution
das Lotto   lottery
die Luft, ⸚e   air; **die — anhalten**   to hold the
   breath
lügen, o, o   to lie
lumpig   lousy
die Lunge, –n   lung
die Lungenentzündung, –en   pneumonia
die Lust   desire, joy
lustig   happy, joyful; **sich — machen**   to
   make fun of

M

machen   to make
die Macht, ⸚e   power

das Mädchen, –   girl
der Magen, ⸚   stomach
der Makler, –   broker
das Mal, –e   occasion, time
mancher   many a, several, some
manchmal   sometimes, once in a while
der Mantel, ⸚   coat
die Mark   Mark, the unit of German currency
das Maß, –e   moderation, measure
die Mauer, –n   wall
das Meer, –e   sea
mehr   more
mehrere   several
mein   my
meinen   to be of the opinion, mean
die Meinung, –en   opinion
meistens   mostly
sich melden   to report
der Mensch, –en   human being, man
menschlich   human
merken   to notice
merkwürdig   strange
das Messer, –   knife
der Messergriff, –e   knife handle
das Messing   brass
die Messingschnalle, –n   brass belt buckle
die Miene, –n   facial expression
der Mietblock, ⸚e   apartment house
mieten   to rent
die Milch   milk
minderjährig   under age, minor
mißbilligend   disapproving
mißglückt   ill-fated
mißlingen, a, u   to fail
mißmutig   bad-tempered
das Mißtrauen   mistrust
mißtrauisch   mistrustful
der Mist   nonsense, manure
mit   with
mit·bringen, a, a   to take along, bring along
mitentscheidend   significant
mit·hören   to listen in
das Mitglied, –er   member
mit·kriegen   to observe (*slang*)
mit·machen   to participate
mit·nehmen, a, o   to carry with, carry along
das Mittagessen, –   lunch
mittags   at noon
die Mitte   middle
mit·teilen   to inform
mittelgroß   medium sized
die Mitternacht, ⸚e   midnight
die Möbel (*pl.*)   furniture
der Modeschmuck   costume jewelry

mögen, o, o   to like to
möglich   possible
möglichst   as possible
die Möglichkeit, —en   possibility
der Moment, —e   moment; — mal   just a moment
der Monat, —e   month
monatlich   monthly
das Moor, —e   swamp
der Mord, —e   murder
der Mordverdacht   suspicion of murder
morgen   tomorrow
der Morgen, –   morning
morgens   in the morning
müde   tired
die Mühe, —n   difficulty; — machen   to be difficult
mühsam   with difficulty
der Mund, ⁻er   mouth
die Mündung, —en   mouth (of a gun)
munter   cheerful
murmeln   to murmur, mutter
mürrisch   sullen, grumbling
müssen, u, u   to have to
mustern   to examine
der Mut   courage
mutig   courageous
mutmaßlich   supposed, alleged
die Mutter, ⁻   mother
das Muttersöhnchen, –   mamma's boy
die Mütze, —n   cap

N

nach   after, to
nachdem   after
nach·gehen, i, a   to follow
nachher   later
der Nachkomme, —n   offspring, descendants
der Nachmittag, —e   afternoon
nachmittags   in the afternoon
die Nachricht, —en   news
der Nachrichtensprecher, –   news announcer
nachsichtig   indulgent
nächstes Mal   next time
die Nacht, ⁻e   night
nachtblau   deep blue
das Nachthemd, —en   nightshirt, nightgown
der Nachttisch, —e   night stand
der Nacken, –   nape of the neck
nahe   near
die Nähe   proximity

sich nähern   to approach
der Name, —n   name
das Namensschild, —er   name plate
die Nase, —n   nose
naß   wet
natürlich   naturally, of course
neben   next to, by
der Neffe, —n   nephew
nehmen, a, o   to take
die Neigung, —en   inclination
nennen, a, a   to name, call
nett   nice
das Netzteil, —e   power pack
neuerdings   presently
neugierig   curious
neuneinhalb   nine and a half
die Nichte, —n   niece
nichtsnutzig   useless
nicken   to nod
nie   never
der Niedergang, ⁻e   decline, stairway
niedlich   cute
niemand   nobody
nieseln   to drizzle
die Nische, —n   niche
noch   yet, still
normalerweise   normally
die Note, —n   grade
der Notfall, ⁻e   necessity, emergency
nötig   necessary
das Nötigste   the most necessary
die Notwehr   (self) defense
der Nullpunkt, —e   zero
die Nummer, —n   number
nun   now
nur   only

O

ob   whether
oben   up, above; von — from above
der Oberarm, —e   upper arm
der Oberkellner, –   head waiter
der Oberkörper, –   torso
die Obhut   care, protection
das Obst   fruit
der Obstbaum, ⁻e   fruit tree
oder   or
offen   open
offenbar   apparently
offensichtlich   apparently
öffnen   to open

oft often
ohne without
ohnehin anyway
das **Ohr, –en** ear
ölen to oil
der **Onkel, –** uncle
die **Oper, –n** opera
der **Orangensaft, ⸚e** orange juice
ordentlich orderly
die **Ordnung, –en** order, category; **in —** correct
der **Ort, –e** place, spot
der **Osten** East
Österreich Austria
die **Originalpackung, –en** original package

P

packen to seize, pack
der **Packtisch, –e** wrapping table
die **Packung, –en** package
der **Palast, ⸚e** palace
die **Panne, –n** breakdown
der **Parkplatz, ⸚e** parking place
das **Parterre, –s** ground floor
die **Parzelle, –n** parcel of land, lot
passen to suit, fit
passend appropriate; **was Passendes** something appropriate
passieren to happen
die **Patrone, –n** cartridge
die **Pause, –n** intermission, break
der **Pausenscheinwerfer, –** intermission spotlight
peinlich embarrassing
der **Pendelverkehr** shuttle traffic
pensioniert retired
die **Person, –en** person
die **Persönlichkeit, –en** personality
der **Peterwagen, –** patrol car
das **Pfandhaus, ⸚er** pawn shop
pflanzen to plant
pfeifen, i, i to whistle
der **Pfeiler, –** column
pflegen (zu tun) to be accustomed (to do)
die **Pflicht, –en** duty; **den —en nach·kommen, a, o** to fulfill the obligations
die **Pfote, –n** paw
pickelig pimple-faced
das **Plakat, –e** billboard
der **Plan, ⸚e** plan
planmäßig according to plan

die **Planung** planning
platt flat
die **Platte, –n** record
der **Platz, ⸚e** place, square
platzen to burst
der **Plauderton** conversational tone
die **Pleite, –n** bankruptcy
plötzlich suddenly
der **Plunder** rubbish, junk
pochen to beat
poliert polished
die **Polizei** police
der **Polizeibeamte, –n** police official
das **Polizeipräsidium** police headquarters
die **Polizeiwache, –n** police station
polternd noisily
das **Portemonnaie** wallet
prasseln to patter, fall (rain)
prego please (*Italian*)
der **Preis, –e** price, prize, praise
die **Preisvorstellung, –en** idea about prices
preiswert reasonably priced
prima excellent, great (*slang*)
probieren to try
der **Profi** professional person
die **Profiqualität** professional quality
der **Prokurist, –en** chief clerk, manager
die **Provision, –en** commission
prüfen to check, test, examine
der **Pulli, –s** sweater
der **Pullover, –** sweater
der **Pulsschlag, ⸚e** pulse beat
pünktlich punctual, on time

Q

der **Quadratmeter, –** square meter
quälen to torment, torture
die **Qualität, –en** quality
Quatsch nonsense
quer across; **— auf mich zu·kommen** to cross over to me
quer·spannen to stretch across
quetschen to squeeze
das **Quietschen** squeaking
die **Quittung, –en** receipt

R

das **Rad, ⸚er** wheel, bicycle
das **Radfahren** bicycling
ragen to extend

der **Rahmen,** – frame
die **Rampe, –n** foot of the stage
der **Rand,** ⸚**er** edge
randlos rimless
rasen to race
rasseln to rattle
der **Rat, die Ratschläge** advice
das **Rathaus,** ⸚**er** city hall
ratlos at a loss, perplexed
das **Raubtier, –e** predator
rauchen to smoke
der **Raum,** ⸚**e** room
'**raus damit** speak it out
sich **räuspern** to clear one's throat
reagieren to react
die **Rechenmaschine, –n** adding machine
rechnen to reckon, calculate
recht haben to be right; **nach dem Rechten
sehen** to check on things
rechteckig square
rechts right, on the right
reden to speak, talk
das **Regal, –e** book shelf
rege busy, lively
der **Regenschirm, –e** umbrella
die **Regierung, –en** government
regnen to rain
regungslos motionless
reiben, ie, ie to rub
reich rich
das **Reich, –e** empire
der **Reichtum,** ⸚**er** wealth
reif mature, ripe
die **Reihe, –n** row; **der — nach** one after the
other
'**rein·holen** to make up time (*slang*)
'**rein·schauen** to look in (*slang*)
die **Reise, –n** trip
reisefiebrig eager to travel
reisen to travel
der **Reisende, –n** traveler
der **Reisescheck, –s** travelers check
die **Reiseschreibmaschine, –n** portable typewriter
reizen to attract
reizend charming
die **Rente, –n** pension
der **Rentner,** – pensioner, retiree
der **Requisiteur** prop man
das **Resultat, –e** result
das **Rezept, –e** prescription
sich **richten (auf etwas)** to focus one's attention on something

der **Richter,** – judge
richtig correct
die **Richtung, –en** direction
riechen, o, o to smell
der **Riesenaufwand** great commotion
riesig huge, large
die **Rippe, –n** rib
das **Risiko, –s** risk
risikolos without risk
der **Rock,** ⸚**e** skirt
die **Rolltreppe, –n** escalator
der **Roman, –e** novel
der **Rost, –e** grill
rot red
rotgefleckt spotted red
der **Ruck, –e** jolt; **ich gab mir einen Ruck** I
gave myself a push
der **Rücken,** – back
die **Rücksicht, –en** concern; **Rücksicht
nehmen** to show consideration
der **Rücksitz, –e** back seat
rückwärts backwards
rufen, ie, u to call
die **Ruhe** rest, peace
sich **rühren** to move
'**rum·bummeln** to stroll around (*slang*)
der **Rummelplatz,** ⸚**e** fairground
der **Rummelplatzplunder** fairground booty,
rubbish
die **Rummelplatzromanze, –n** romance at the
fairground
rund round
rundgebogen bent in a circle
rundlich round, rotund
rutschen to slide
rütteln to shake

S

der **Saal, die Säle** hall, large room
die **Sache, –n** matter, thing; **mit der — zu tun
haben** to have to do with something
sachlich in a matter-of-fact way
sachte gently
der **Saft,** ⸚**e** liquid
sagen to say; **sage und schreibe** lo and behold
der **Samstag, –e** Saturday
samt including
der **Samt, –e** velvet
der **Samthandschuh, –e** velvet glove
sämtlich all

die **Sanierung** restoration
der **Sardinenschwarm, ⁻e** school of sardines
satt filled, satiated
satt·sein to be fed up
der **Satz, ⁻e** sentence, leap
sauber clean
säubern to clean
saugen, o, o to suck, sip
sausen to rush
das **Schach** chess, check; **im — halten** to keep covered
der **Schädel, –** skull
der **Schaden, ⁻** damage
schaffen to manage, provide, create; **aus dem Weg —** to get out of the way
der **Schaffner, –** conductor
der **Schal, –s** scarf
die **Schallplatte, –n** record
die **Schallplattenabteilung, –en** record section
der **Schalter, –** counter, ticket office, switch
die **Schanze, –n** fortification; **in die — schlagen** to sacrifice
scharfgeschnitten sharply cut
der **Schatten, –** shadow, shade
der **Schatz, ⁻e** treasure, sweetheart
der **Schauder, –** shudder
schauen to look
schauerlich frightful
schaukeln to stagger, rock
der **Schauspieler, –** actor
schauspielerisch dramatic
das **Scheckheft, –e** check book
die **Scheibe, –n** pane of glass
die **Scheidung, –en** divorce
der **Schein, –e** (money) bill
scheinen, ie, ie to shine, seem
der **Scheinwerfer, –** spotlight
scheitern to fail
schelten, a, o to scold
das **Schema, Schemen** diagram
schenken to give
scheu shy
sich scheuen to be afraid, shy
scheußlich terrible
schick neat, nice
das **Schicksal, –e** fate
das **Schiebedach, ⁻er** sun roof (of a car)
schieben, o, o to push
das **Schild, –er** sign
die **Schilderung, –en** description
schimpfen to curse, scold
der **Schirm, –e** shade

die **Schirmmütze, –n** cap with a visor
schlafen, ie, a to sleep
der **Schlag, ⁻e** blow, hit
der **Schlager, –** popular song
der **Schlagring, –e** brass knuckles
schlank slender
schlau clever, sly
schlecht bad; **— werden, u, o** to become ill
schleichen, i, i to sneak, creep
der **Schleier, –** veil
die **Schleifspur, –en** track, trace
schlendern to stroll, saunter
schleppen to drag (*slang*)
die **Schlepperei, –en** carrying (*slang*)
schließlich finally, after all
schlimm bad
das **Schlingern** swaying
das **Schloß, ⁻sser** lock, castle
schluchzen to sob
schlucken to swallow
schlürfen to drag, shuffle
der **Schlüssel, –** key
schmächtig emaciated, weak
schmal slender, narrow
schmettern to smash
schmieden to shape, form
der **Schminktisch, –e** vanity
schmuddlig dirty, unkempt
der **Schmutz** dirt
schmutzig dirty
schnappen to catch (*slang*)
der **Schnaps, ⁻e** liquor, brandy
schnarchen to snore
schnaufen to snort
der **Schnee** snow
schneiden, i, i to cut
schneien to snow
schnell fast, quickly
schnippen to flick
schnurgerade straight as an arrow
der **Schnurrbart, ⁻e** mustache
schon already
schön beautiful
der **Schönling, –e** pretty one (male)
der **Schoß, ⁻e** lap
schräg at an angle, oblique
schrammen to scrape
die **Schraube, –n** screw, bolt
der **Schreck** shock, terror
das **Schreibabteil, –e** correspondence department
schreiben, ie, ie to write
der **Schriftsteller, –** writer

der **Schritt,** –e step
die **Schublade,** –n drawer
schubsen to shove
schuften to work, slave away
der **Schuh,** –e shoe
die **Schuld,** –en guilt, debt
der **Schüler,** – pupil, student
die **Schulter,** –n shoulder
das **Schulterblatt,** ¨er shoulder blade
der **Schuppen,** – shed
der **Schuß,** ¨sse shot
schütteln to shake
schütten to spill
der **Schutz** cover, protection; **in — nehmen** to
  defend
schwach weak
die **Schwäche,** –n weakness
schwanken to rock, stagger
schwarz black
schwatzen to chat
schweigen, ie, ie to be silent
der **Schweiß** sweat, perspiration
die **Schwelle,** –n doorway
schwer heavy, difficult
schwerfällig awkward
der **Schwerverbrecher,** criminal
die **Schwester,** –n sister
schwierig difficult
schwimmen, a, o to swim
schwingen, a, u to swing; **mit Schwung** with
  force
schwören, o, o to swear
der **See,** –n lake
die **See** ocean, sea
die **Seele,** –n soul
sehen, a, e to see
sehnen to long for
sehr very
die **Seide,** –n silk
sein, war, ist gewesen to be
seit since
seitdem since
die **Seite,** –n side
die **Sekunde,** –n second
der **Sekundenbruchteil,** –e fraction of a second
selbst self, even
die **Selbstbeherrschung** self-control
der **Selbstmord,** –e suicide
selbstvergessen lost in thought
selbstverständlich naturally
seltsam strange
senden to send

sich setzen to sit down
seufzen to sigh
sicher certain
die **Sicherheit,** –en certainty
sichern to put on the safety (of a gun), to secure
die **Sicherungsvorkehrung,** –en safety pre-
  caution
sichtbar visible
das **Sieb,** –e sieve
sinnlos senseless
sitzen, a, e to sit
sitzen·lassen, ie, a to walk out on
sobald as soon as
sofort immediately
sogar even
sogenannt so-called
der **Sohn,** ¨e son
sondern but, on the contrary
die **Sonne,** –n sun
die **Sonnenbrille,** –n sun glasses
sonnengebleicht sun-bleached
sonst otherwise
sonstig other
sooft as often as
die **Sorge,** –n worry
sorgen to care for, take care of
sich sorgen to worry
Sorge tragen, u, a to provide for
sorgfältig careful
sorglos carefree
sorgsam careful
soundso such and such
der **Spalt,** –e split, crack
die **Sparkasse,** –n savings and loan association, savings bank
das **Sparkonto,** –en savings account
der **Spaß,** ¨e fun
spät late
später later
spätestens at the latest
der **Speisewagen,** – dining car
das **Spiegelei,** –er fried egg
das **Spiel,** –e play, game
spielen to play
die **Spielwarenabteilung,** –en toy department
spinnen, a, o to be crazy
spitz pointy
splittern to splinter, break to splinters
spotbillig extremely cheap
die **Sprache,** –n language
der **Sprachfehler,** – speech impediment
sprachlos speechless

sprechen, a, o to speak
die Sprechmuschel, –n mouthpiece
die Sprechweise, –n way of talking
springen, a, u to jump
spritzen to splash
sprudeln to bubble
die Spur, –en trace, track; **auf der —** on the
  trail
spüren to sense
der Staat, –en state
die Staatsanwaltschaft state prosecutor
die Stachelbeere, –n gooseberry
die Stadt, ⁻e city
stadtwärts in the direction of town
staksig awkward
stammeln to stammer
stammen to derive
das Standesamt, ⁻er city hall, registrar's office
ständig constantly
die Standuhr, –en grandfather clock
stark strong
starr rigid
starren to stare
startbereit ready to start
statt·finden, a, u to take place
stattlich stately, large
staubig dusty
staunen to be surprised
stecken to stick, hide
stehen, a, a to stand
stehlen, a, o to steal
steigen, ie, ie to climb
sich steigern to increase
steil steep
sterben, a, o to die
stets always
die Steuer, –n tax
steuern to steer
der Stich, –e stab
die Stichflamme, –n flashing flame
der Stiefel, – boot
der Stil, –e style
die Stimme, –n voice
stimmen to be correct
die Stimmung, –en mood
die Stirn, –en forehead
der Stock floor, story of a building
stocken to hesitate
der Stoffhase, –n stuffed rabbit
stöhnen to groan
stören to disturb
die Strafe, –n punishment
strahlen to glow, radiate

strahlend cheerful
der Strand, ⁻e beach
die Straße, –n street
die Straßenbahn, –en street-car, tram
sträuben to bristle
der Strauch, ⁻er bush, shrub
die Strecke, –n stretch, section
der Streckenplan railway map
streichen, i, i to smear
streifen to brush
streiken to strike
streiten, i, i to quarrel
das Strohdach, ⁻er straw roof
der Strohhalm, –e straw
der Strom, ⁻e stream, electric current
strömen to stream, pour; **in Strömen regnen** to pour (rain)
der Strumpf, ⁻e sock, stocking
das Stück, –e piece
der Student, –en student
der Stuhl, ⁻e chair
der Stummel, – butt, stump
stumpf dull
stumpfsinnig dull, stultifying
die Stunde, –n hour
stündlich hourly
stur stubborn
stürmen to storm
der Sturz, ⁻e fall
stürzen to fall
sich stützen to rely on
stutzen to be taken aback
suchen to look for
der Süden South
die Suppe, –n soup
die Superbeute superloot
süß sweet; **—lich-stechend** sweet penetrating

T

das Tablett tray
tadellos perfect
der Tag, –e day
täglich daily
tagsüber during the day
das Tal, ⁻er valley
die Tanne, –n fir tree
die Tannennadel, –n fir needle
die Tante, –n aunt
tanzen to dance
tapfer brave

tappen to tap, feel
die Tarnung, –en disguise
tarzangleich like Tarzan
die Tasse, –n cup; nicht alle — n im Schrank
  haben to be crazy
tasten to feel, reach
die Tat, –en deed
der Täter, – culprit
tätig employed, occupied, active
tatsächlich really
das Tau, –e rope
taumeln to stagger, reel
tauschen to exchange
täuschen to deceive
das Techtelmechtel flirtation
der Teil, –e part
teilen to divide
teilmöbliert partly furnished
das Telefon, —e telephone;
  am — verlangen to call to the phone
der Teller, – plate
der Teppich, –e carpet
der Termin, –e term, time
teuer expensive
der Teufel devil; Sie werden den — tun. The
  devil you will.
die Theke, –n counter
tief deep
der Tisch, –e table
die Tochter, – daughter
der Tod death
die Todesangst, –e deadly fear
toll mad, crazy, fabulous
der Ton, –e sound
das Tonbandgerät, –e tape recorder
das Tor, –e gate
die Torduchfahrt, –en passage way
auf Tour on the road (slang)
träge idle, inert
tragen, u, a to carry
das Trampen hitchhiking
die Tramperin, –nen hitchhiker, tramp (female)
sich trauen to dare, venture
der Traum, –e dream
träumen to dream
das Traumwesen, – dream being, specter
traurig sad
treffen, a, o to meet, hit
die Treppe, –n staircase
trinken, a, u to drink
das Trinkgeld, –er tip
der Tritt, –e step

trocken dry
trösten to comfort
trostlos dismal, dreary
trotz in spite of
trübblickend sad
die Tür, –en door
der Türgriff, –e door handle
der Türrahmen, – door frame
das Tuscheln whispering
der Typ, –en character (slang)

U

übel evil, bad
übel·nehmen, a, o to be offended by
übel·werden, u, o to become ill
üben to practice
über above, over, about
überall everywhere
die Überanstrengung, –en overexertion
überbetont excessive
überdeutlich very clear
übereilen to hurry, rush
überfallen, ie, a to rob, assault
der Überfluß excess; zu allem — in addition
überführen to be found guilty
überfüllt crowded
die Übergabe, –n release, transfer
der Übergang, –e transfer
überhaupt at all
überholen to pass
überlegen to think over
überlegen (adj.) superior
übermorgen day after tomorrow
überraschen to surprise
überreden to persuade; sich — lassen to let
  oneself be convinced
die Übersicht overview, bearings
übertragen, u, a to pass on, transfer
übertreiben, ie, ie to exaggerate
überweisen, ie, ie to pay, transfer (funds)
überzeugen to convince
üblich usual
übrig·lassen, ie, a to leave over
die Übung, –en practice, exercise
umarmen to embrace
um·bringen, a, a to kill, murder
sich um·drehen to turn around; nach außen
  — to turn inside out
umdröhnen to surround in sound
umgehbar avoidable
umgehen, i, a to use, handle, avoid

um·kippen to fall over, faint
umklammern to clutch
der Umkreis, –e surroundings
umlagern to surround
der Umriß, –sse outline
umsäumt bordered
sich um·sehen, a, e to look around
der Umstand, ⁼e inconvenience
umstellen to surround
der Umweg, –e detour
die Umwelt environment
um·werfen, a, o to throw down
der Umzug, ⁼e parade, move
unabhängig independent
unangenehm unpleasant
unauffällig unnoticeable
unbedingt absolutely, definitely
unbeeindruckt unimpressed
unbeweglich motionless
unerträglich unbearable
der Unfall, ⁼e accident
ungefähr approximately
ungeheuerlich monstrous
ungeschminkt not made up
ungewöhnlich unusual
ungläubig unbelieving
unglaublich unbelievable
das Unglück misfortune
der Unglücksfall, ⁼e accident
unheimlich surprisingly, amazingly
unnütz unnecessary, useless
unrecht wrong
unreif immature
die Unruhe, –n restlessness
unruhig restless
der Unsinn nonsense
unter under
unterbrechen, a, o to interrupt
unterdrücken to suppress, oppress
der Unterhalt support
sich unterhalten, ie, a to converse, have a good time
die Unterhaltskosten (*pl.*) living expenses
die Unterhaltung entertainment
der Unterkiefer, – lower jaw; die —entzündung lower jaw inflammation
unterschreiben, ie, ie to sign
unterstellen to impute
unterstützen to support
untröstlich inconsolable
unüberwindlich insurmountable
das Unvermögen inability
unvorhergesehen unforeseen

unzufrieden dissatisfied
der Urheber, – originator
der Urlaub leave, vacation

V

der Vater, ⁼ father
der Vaterstolz fatherly pride
verabreden to agree, fix a time, make a date
die Verabredung, –en date, appointment
verabscheuen to despise
verächtlich scornful
verändern to change
veranlassen to arrange, cause to happen
verantworten to answer for
verantwortlich responsible
die Verantwortung responsibility
verbessern to improve, perfect
die Verbeugung, –en bow
verbinden, a, u to join, unite, connect
die Verbindung, –en connection
verblüffend surprising
verblüfft surprised
verbrauchen to use
das Verbrechen, – crime
der Verbrecher, – criminal
verbringen, a, a to spend
der Verdacht suspicion
verdecken to cover
verderben, a, o to ruin
verdienen to earn, deserve
der Verdienst, –e merit, gain
die Verdienstmöglichkeit, –en possibility to earn some money
der Verehrer, – admirer
vererben to bequeath, leave to
verfließen, o, o to ebb, subside
die Verfügung, –en instruction, order; zur — sein to be available
die Vergangenheit, –en past
vergehen, i, a to pass
vergessen, a, e to forget
sich vergewissern to make sure
vergleichen, i, i to compare
verhaften to arrest
verhalten, ie, a to behave
das Verhältnis, –se condition
verhangen covered
verheiratet married
verhüten to prevent
der Verkehr traffic
verkehrt wrong, upside down

sich verkriechen, o, o to hide, creep away
verkünden to announce
verlangen to demand
verlängern to prolong, lengthen
verlangsamen to slow down
verlassen, ie, a to leave, abandon
verlaufen, ie, au to pass, go astray
verlegen embarrassed
verletzen to injure
verlieren, o, o to lose
verlockend tempting
verlöschen to extinguish
der Verlust, –e loss
vermeiden, ie, ie to avoid
vermissen to miss
vermißt missing
die Vermittlung, –en mediation, settlement, exchange
das Vermögen money, wealth
vermuten to suspect
vermutlich presumably
vernarrt lovesick
vernehmen, a, o to interrogate
verneinen to deny
verreisen to go on a trip
verriegeln to lock
verringern to lessen
der Verrückte, –n insane man
verrutschen to slip
versagen to fail
verschaffen to acquire
verscheiden, ie, ie to pass away
verschieden different
verschlafen, ie, a to oversleep
verschlafen (*adj.*) sleepy
verschlissen worn out
verschlossen (*p.p. of* **verschließen** & *adj.*) locked
verschoben (*p.p. of* **verschieben** & *adj.*) shifted
verschreckt frightened
verschreiben, ie, ie to prescribe
verschulden to be guilty of
die Verschwiegenheit secrecy
verschwinden, a, u to disappear
versessen sein to be crazy about
versetzen to transfer, pawn
die Versicherung insurance
versilbern to turn into cash (*slang*)
versorgt sein to be provided for
verspätet delayed
versperren to block
verspielen to lose, throw away
versprechen, a, o to promise

verständigen to notify
verstauen to stash, pack
verstorben deceased
verstört upset
verstummen to become silent
verstummt sein to be silent
verteilen to distribute
die Vertrauenssache, –n matter of trust
die Vertrauensstellung, –en position of trust
verträumt dreaming
vertreten, a, e to represent
sich vertreten, a, e to sprain
der Vertreter, – representative
verurteilen to sentence, judge
verwandeln to change
die Verwendung, –en use
verwerfen, a, o to reject
verwildert wild
verwirren to confuse
verwischen to wipe away, brush away
verzeihen, ie, ie to pardon
verzichten to renounce, give up
verziehen, o, o to withdraw, move away, spoil
verzögern to delay
verzweifelt desperate
die Verzweiflung despair
viel much
viele many
vielleicht perhaps
viertel quarter
der Vierkantschlüssel, – square-sided key
vierspur four-track (*adj.*)
die Vitrine, –n glass show case
das Volk, ¨er people
der Volksschulabschluß, ¨sse completion of elementary school
vollendet perfect
völlig completely
vollkommen perfect
vor sich hin to oneself
voran·kommen, a, o to get ahead, advance
voraus·sagen to predict
voraus·sehen, a, e to foresee
die Voraussetzung, –en prerequisite
vorbei·quetschen to squeeze past
vorbei·rauschen to rush past
vorbereiten to prepare
die Vorbereitung, –en preparation
vorbestraft previously convicted
sich vor·beugen to bend forward
der Vordersitz, –e front seat
das Vorführmodel, – demonstration model
vor·gehen, i, a to occur, go ahead

vorgestern   day before yesterday
vor·haben   to plan
das Vorhaben, –   plan, intended act
der Vorhang, ⸚e   curtain
vorher   previously
vor·kommen, a, o   to occur, seem
der Vormittag, –e   forenoon, morning
der Vorort, –e   suburb
der Vorschlag, ⸚e   proposal
vor·schlagen, u, a   to propose
sich vor·sehen, a, e   to be careful
vor·setzen   to place before, serve
vorsichtig   careful
sich vor·stellen   to imagine
die Vorstellung, –en   performance
der Vorteil, –e   advantage
vorübergehend   temporarily
der Vorwand, ⸚e   pretext
vorwärts   forward
vor·werfen, a, o   to reproach
der Vorwurf, ⸚e   reproach
vor·ziehen, o, o   to prefer

W

wachsam   alert
wachsen, u, a   to grow
wackeln   to quiver, shake
die Waffe, –n   weapon
der Wagen, –   car
wagen   to dare
die Wagenpapiere (pl.)   registration papers
wagemutig   daring, bold
die Wahl, –en   choice, election
wählen   to choose, dial (a telephone), vote
wahnsinnig   insane
wahr   true
während   during, while
wahrhaftig   truly
wahr·nehmen, a, o   to perceive
wahrscheinlich   probable
der Wald, ⸚er   woods, forest
der Waldrand, ⸚er   edge of the woods
der Waldweg, –e   path in the woods
die Wandleuchte, –n   wall fixture
die Wange, –n   cheek
wanken   to stagger
das Warenhaus, ⸚er   department store
warm   warm; mir wurde warm   I got warm
der Warnschuß, ⸚sse   warning shot
die Warnung, –en   warning
die Wäscheleine, –n   clothes line

waschen, u, a   to wash
das Wasser   water
wässerig   watery
die Wasserleiche, –n   water-logged corpse
der Wassertropfen, –   drop of water
die Watte   cotton wool
das Wechselgeld, –er   change
die Wechselmanipulation   money exchange manipulation
wechseln   to change, exchange
wecken   to awaken
der Weg, –e   way
wehen   to blow, drift
sich wehren   to defend oneself
weich   soft
sich weigern   to refuse
die Weile   a period of time
der Weinbrand   brandy
die Weise   way, method; auf andere—   in a different way
weisen, ie, ie   to point
weit   far; — und breit   far and near
sich weiten   to widen
weiter·machen   to continue
weiter·winken   to wave on
die Welt   world; alle Welt   everyone
wenden   to turn
die Wendung, –en   turn, change
wenig   little, not much
wenige (pl.)   few
wenigstens   at least
werben, a, o   to advertise
die Werbung   advertisement
werden, u, o   to become
werfen, a, o   to throw
das Werk, –e   work
die Werkstatt, ⸚en   repair shop
wesentlich   considerably
die Wette, –n   bet; um die — schreien   to scream loudly
das Wetter   weather
der Wetterbericht, –e   weather report
wichtig   important
widerfahren, u, a   to experience
widerspenstig   resistant
widerspruchslos   without argument
der Widerstand, ⸚e   resistance
widerstehen, a, a   to resist
wieder   again
wieder·erkennen, a, a   to recognize
wieder·gutmachen   to compensate for
wiederholen   to repeat
die Wiederkehr   reunion

wiederum   on the other hand
die Wiese, –n   field, meadow
wieviel   how much
die Wimper, –n   eye lash
die Wimperntusche   eye makeup
winden, a, u   to twist
der Winkel, –   corner
winken   to beckon, wave
winzig   tiny
wirbeln   to swirl
wirken   to have an effect
wirkungsvoll   effective
der Wirt, –e   innkeeper
die Wirtschaft, –en   inn, economy
das Wirtschaftsleben   business world
wissen, u, u   to know
die Wissenschaft, –en   science
die Witwe, –n   widow
witzig   funny, humorous
die Woche, –n   week
wöchentlich   weekly
wofür   what for
woher   where from
wohin   where to
wohlgemerkt   please note
wohnen   to reside, live
die Wohnung, –en   apartment
das Wohnzimmer, –   living room
die Wolke, –n   cloud
die Wolkendecke   cloud over
wollen   to want to, intend to
womöglich   possibly
woraus   out of what
worin   in which
das Wort, –e   word
der Wortfetzen, –   word fragment
das Wörterbuch, –er   dictionary
wovon   of which
das Wunder, –   miracle
wünschen   to wish
würdigen   to condescend, appreciate
wüten   to rage
wütend   angry, raging

Z

zaghaft   hesitant
die Zahl, –en   number; **— oder Adler**   heads or tails
zählen   to count
die Zahlenkolonne, –n   column of numbers
der Zahn, –e   tooth

das Zähnefletschen   showing one's teeth
die Zange, –n   vise, pliers; **nicht aus der —
lassen**   to not let loose
die Zankerei, –en   quarreling
die Zauberin, –nen   sorceress
die Zauberinennenlocken   sorceress' hair
die Zehe, –n   toe
die Zehenspitzen   tip toes
die Zeile, –n   line
die Zeit, –en   time
die Zeitlupe, –n   slow motion
der Zeitpunkt, –e   point in time
die Zeitschrift, –en   magazine
die Zeitung, –en   newspaper
zerfließen, o, o   to dissolve, melt
zerknauscht   wrinkled
zerreißen, i, i   to tear up
zerren   to drag
zerstören   to destroy
der Zettel, –   slip of paper, piece of paper
das Zeug, –e   thing
der Zeuge, –n   witness
die Ziege, –n   goat
ziehen, o, o   to draw, pull; **das zieht immer**
that always convinces
das Ziel, –e   goal
der Zielbahnhof, –e   final station
zielen   to aim
die Zielscheibe, –n   target
zielsicher   sure of the mark
das Zimmer, –   room
das Zischen   hissing
zittern   to tremble
zittrig   trembling
in Zivil   civilian attire, not in uniform
zögern   to hesitate
die Zoohandlung, –en   pet shop
zücken   to pull, draw
der Zucker   sugar
die Zuckergußaufschrift, –en   iced inscription
zuerst   at first, first of all
der Zufall, –e   chance
zufällig   accidentally
zuflüstern   to whisper
zufrieden   content
der Zug, –e   train, pulling, draft; **mit einem
—**   in one gulp
der Zugang, –e   entrance
das Zugbegleitpersonal   train attendant personnel
zu·geben, a, e   to confess, admit
der Zugführer, –   head conductor, engineer
der Zugschaffner, –   conductor

zu·halten, ie, a   to hold course, hold shut
zu·hören   to listen
die Zukunft   future
zukünftig   future (*adj.*)
zu·lassen, ie, a   to admit
zuletzt   ultimately
zu·machen   to close
zumindest   at least
zu·muten   to expect
zumute·sein   to feel
der Zündschlüssel, –   ignition key
die Zündung, –en   ignition
zu·nehmen, a, o   to increase, gain weight
die Zunge, –n   tongue
zupfen   to pick off
zu·rasen   to race toward
zurecht·biegen, o, o   to straighten out
zurecht·legen   to place in order, get ready
zu·reden   to address, urge, persuade
zurück·gleiten, i, i   to slide back
zurück·kehren   to return
zurück·laufen, ie, au   to run back
zurück·legen   to set aside, complete
zurück·schlagen, u, a   to beat back, hit back
zurück·setzen   to back up, roll back
zurück·weichen, i, i   to draw back, give way
zurück·weisen, ie, ie   to send back, reject
zusammen   together
zusammen·brechen, a, o   to collapse
zusammen·flicken   to patch together
zusammen·hängen   to be connected

zusammen·kauern   to cower
zusammen·kneifen, i, i   to squint, squeeze together
zusammen·kommen, a, o   to come together, gather
zusammen·packen   to pack together
zusammen·passen   to fit together
zusammen·sacken   to collapse (*slang*)
zusammen·schrecken   to be startled, frightened
sich zusammen·tun, a, a   to work together (*slang*)
der Zuschauer, –   spectator
der Zuschlag, ⁻e   surcharge
zu·schlagen, u, a   to close, hit out
zu·schnüren   to tie shut
zu·sehen, a, e   to watch
zuständig·sein   to be responsible
zu·steuern   to steer toward
der Zustand, ⁻e   condition, state
das Zustoßen   stabbing, striking
zu·trauen   to credit with
zuviel   too much
zwanzig   twenty
der Zwanziger   the twenty-mark bill
die Zweigstelle, –n   branch
zweiseitig zu tragen   reversible
zweitens   secondly
zwicken   to pinch
zwinkern   to blink
zwischen   between